Ananda Klaar
Nehmt uns endlich ernst!

W0189535

PIPER

Ananda Klaar

NEHMT UNS ENDLICH ERNST!

EIN AUFSCHREI GEGEN DIE ÜBERMACHT DER ALTEN

PIPER

Mehr über unsere Autorinnen, Autoren und Bücher:
www.piper.de

Inhalte fremder Webseiten, auf die in diesem Buch (etwa durch Links) hingewiesen wird, macht sich der Verlag nicht zu eigen. Eine Haftung dafür übernimmt der Verlag nicht.

ISBN 978-3-492-31899-0
Oktober 2022
© Piper Verlag GmbH, München 2022
Satz: Satz für Satz, Wangen im Allgäu
Gesetzt aus der Nimbus Roman
Litho: Lorenz & Zeller, Inning am Ammersee
Druck und Bindung: CPI books GmbH, Leck
Printed in the EU

INHALT

KAPITEL 1   Wie die Politik uns übergeht   9

KAPITEL 2   Wie die Gesellschaft
             uns ausschließt   25

             Der Abiball in der Sporthalle   30

             Wenn Erwachsene immer
             alles besser wissen   37

KAPITEL 3   Wie wir räumlich
             verdrängt werden   43

             Ein Club als Trostpflaster   47

             Wenn die Suche nach
             Gemeinschaft ins Leere führt   50

KAPITEL 4   Wie die Schule uns aussitzt   59

»Das Kind muss aufs Gymnasium.«   63

Wirtschaftswissen –
aber nicht für alle   67

Es geht auch anders   71

KAPITEL 5   Wie wir mit unserer
Berufsausbildung
im Stich gelassen werden   83

KAPITEL 6   Wie unsere Gesundheit
gefährdet wird   99

Wenn die Angst vor Hilfe
größer ist als die Angst selbst   102

Einfach abgemeldet   105

Wenn eine Essstörung
das Leben anhält   112

KAPITEL 7   Warum die Sintflut für uns
mehr als ein Spruch ist   115

Lieber Klimaschutz
als Zukunftsplanung   120

Von Besserwisserinnen
und Klimaleugnern   124

KAPITEL 8   Wie uns die Kosten
für die Ausgaben der Alten
aufgebürdet werden   135

Ohne Geld keine Perspektive   140

Albtraum eigenes Einkommen   143

KAPITEL 9   Meine Hoffnung   153

Anmerkungen   167

KAPITEL 1

WIE DIE POLITIK UNS ÜBERGEHT

Es ist ein Montagvormittag. Montagvormittags habe ich zwei Schulstunden Physikunterricht. Für Physik habe ich sehr wenig übrig, fast gar nichts. Den Physikkurs habe ich meinen Eltern zuliebe belegt, meine Mutter ist Informatikerin, mein Vater Ingenieur. Ich verstehe die Formeln für Fotoeffekt und Interferenz nicht. Meine Gedanken bleiben nicht bei der Planck-Konstante und Relativitätstheorie, sie schweifen immer wieder ab. Alles, was ich im Physikunterricht denken kann, ist politisch, philosophisch, für mich und mein Dasein relevant, deutlich relevanter als Physik jedenfalls. Diese für mich ewig langen Stunden Unterricht verbringt mein Kurs in einem quasi ungeheizten, seltsam unpersönlichen weißen Klassenzimmer mit monotonen grauen Tischen, unbequemen Plastikstühlen und zwei großen grünen Schiebetafeln, wie sie sonst nur in Vorlesungssälen an der Universität vorkommen. Mein Lehrer, dessen Unterricht nicht nur mich überfordert, erzählt immer wieder vom Lehrsystem an der Uni. Er und auch die meisten anderen Lehrer*innen behandeln uns vor allem in dieser Kursstufe wie Erwachsene. Es ist unsere eigene Verantwortung, zum Unterricht zu erscheinen, Hausaufgaben zu machen, ein gutes Abi zu schreiben.

Jeden Montag sitze ich also im schwarzen Wintermantel und Schal in diesem ausdruckslosen Unterrichtsraum, denke über das Leben nach und versuche, mich nicht beim Prokrastinieren erwischen zu lassen. Der einzige Lichtblick ist die kurze Pause zwischen den beiden Stunden, in der meine Mitschüler*innen und ich uns miteinander unterhalten.

»Ananda, weißt du schon, wen du wählst?«, reißt mich an einem dieser Montage kurz vor der Bundestagswahl ein Mitschüler aus meinem Zustand der inneren Leere.

»Welchen Kandidaten könntest du denn empfehlen?«, fragt er weiter. Lustig, denke ich mir. Genau darüber habe ich die letzten fünfundvierzig Minuten nachgedacht.

»Faktisch gesehen kümmert sich niemand um uns Jugendliche«, antworte ich trocken, »aber wenn du schon irgendwas halbwegs Ordentliches wählen willst, dann wähl doch mit der Erststimme SPD und mit der Zweitstimme Grün.«

Schade, denke ich, als der Unterricht weitergeht, schade, dass ich zwar eine Stimme habe, sie aber nicht abgeben darf.

Im Dezember 2021 wurde ich achtzehn Jahre alt. Drei Monate vorher war Bundestagswahl. Viele meiner Freund*innen und Mitschüler*innen sind in den Monaten und Wochen davor volljährig geworden. Nur einige von ihnen interessieren sich für Politik. Die allerwenigsten wollen wie ich Politikwissenschaften studieren. Stattdessen sind ihnen vor allem solche Dinge wichtig, für die sich viele Achtzehnjährige eben interessieren: Führerschein, Abimotto, Schulnoten. Natürlich habe ich auch einige politikbegeisterte Freund*innen, was meinem eigenen politischen Engagement geschuldet ist, doch wüsste mindestens die Hälfte meiner Stufe keine Antwort auf die Frage nach dem Namen des Bundespräsidenten, wie meine Gemeinschaftskundelehrerin in der zehnten Klasse in einer Klausur feststellen musste. Auch inhaltlich besteht oft großes politisches Desinteresse. Jeder weiß zum Beispiel, dass es sich bei Hartz IV um Arbeitslosengeld handelt, doch wissen nur wenige, wie problematisch das ganze Konzept ist und nehmen es einfach als tolle und großzügige Leistung des Sozialstaats wahr. Sich wirklich und ernsthaft mit den politischen Beschlüssen, unseren Politiker*innen und der deutschen Parteienlandschaft auseinanderzusetzen, dazu fehlt meist die Motivation. Dabei ist Politikverdrossenheit nicht nur schade, sondern auch gefährlich für unsere Demokratie. Denn diese lebt ausschließlich von der Beteiligung der Gesellschaft.

»Im September steht nicht nur irgendeine Wahl an«, erzählte ich daher vor allem den Gleichaltrigen in meinem Umfeld im Laufe des Jahres immer wieder, »in diesem Jahr findet eine Bundestagswahl statt, die maßgeblich über meine und die Zukunft meiner Generation entscheiden wird.«

Meine Mühen schienen sich auszuzahlen: Zu Beginn des Schuljahres kamen immer wieder Mitschüler*innen auf mich zu und fragten, wen ich denn wählen würde. Viele vergaßen dabei, dass ich selbst noch gar nicht wählen durfte. Ich würde also in diesem Jahr nicht mit meinen Freund*innen Erstwählerin sein können. Ich würde nicht mit meinem Vater die Wahlkabine besuchen und meine zwei Kreuze machen können. Ich würde mir nicht am Wahlabend die Hochrechnungen ansehen und mit den von mir Gewählten mitfiebern können. Was ich allerdings tun konnte, war, meine erste Wahlempfehlung abzugeben.

So oder zumindest in ähnlichem Ausmaß übergangen gefühlt habe ich mich durch den Gesetzgeber nicht nur bei der Bundestagswahl 2021, sondern bereits mit dem gescheiterten Versuch der schwarz-roten Großen Koalition, die Kinder- und Jugendrechte ins Grundgesetz aufzunehmen. Ich habe also nicht nur eine politische Meinung, die nicht berücksichtigt wird, sondern auch Rechte, die nicht bestmöglich von den Erwachsenen geschützt werden.

Schon während meines Engagements bei den *Fridays for Future* wurde mir klar, dass unsere Probleme nicht von denjenigen angegangen werden, die die Macht und die nötigen Mittel dafür haben und jetzt gerade am Ruder sitzen. Seit meinem fünfzehnten Lebensjahr engagiere ich mich für den Klima- und Umweltschutz, womit ich nicht gerade alleine bin. Auf den von mir mitorganisierten Protesten gingen vor der Pandemie teilweise über zweitausend Menschen auf die Straße, der Großteil von ihnen minderjährig. Doch dürfen Fünfzehn-, Sechzehn- und Siebzehnjährige nicht wählen, geschweige denn selbst zur Wahl aufgestellt werden, weder regional noch auf Bundesebene.

Das mag zwar Vorteile haben, aber eine negative Folge davon ist, dass Kinder und Jugendliche politisch quasi keine Rolle spielen. Wir sind keine Zielgruppe der Wahlprogramme der großen Parteien. Ihre Programme werden über unsere Köpfe hinweg gemacht, denn wir haben keine Stimmen, die sie gewinnen können. Selbst wenn ich 2021 also das Recht zu wählen gehabt hätte, hätte ich mich zwischen den gegebenen Wahlmöglichkeiten nur schwer entscheiden können, weil die Themen, die mein Leben berühren, in den Parteiprogrammen nicht stattfinden.

Kurz gesagt:

Alte machen Politik für Alte.

Vielleicht auch deshalb, weil viele Entscheider*innen der vergangenen Bundesregierung keine Kinder hatten. Natürlich kann man es dann nicht oder nur schwer nachvollziehen, wie sich Kinder und junge Menschen fühlen, wenn schlicht kein Kontakt zu ihnen besteht.

Dabei sehen sich einige Jugendliche vor einem Problem, das bereits vor knapp 250 Jahren Gegenstand des Amerikanischen Unabhängigkeitskrieges war, das jedoch in der öffentlichen Berichterstattung so gut wie keine Rolle spielt: »No taxation without representation« lautete eine zentrale Forderung der Unabhängigkeitsbewegung. Viele Jugendliche arbeiten und zahlen Steuern, dürfen aber trotzdem aufgrund ihres Alters nicht wählen. Laut eines Berichts der *WirtschaftsWoche* vom Mai 2021 haben unter Achtzehnjährige 2016 etwa 163 Millionen Euro Einkommensteuern gezahlt.[1] Die größte Gruppe von ihnen sind Angestellte, während der größte finanzielle Anteil von Jungunternehmer*innen kam.

Natürlich handelt es sich hier im Vergleich mit allen Steuereinnahmen um Peanuts, doch trotzdem ist es nicht einfach gar kein Geld. Es ist Geld, das wir dem Staat abgeben, eine Leistung, die wir erbringen, über deren Verwendung wir jedoch nicht mitbestimmen können. Denn wir dürfen nicht wählen. Wir sollen also etwas leisten, aber nicht über die Ausgaben mitentscheiden dürfen? Den Amerikanern war diese

Ungerechtigkeit jedenfalls Grund genug, um einen Krieg mit ihren Unterdrückern, der britischen Krone, anzufangen.

Ich möchte alles andere, als zum Krieg gegen die Erwachsenen aufzurufen. Aber ich möchte deutlich auf etwas hinweisen: auf die Missstände und auf die Probleme, die uns junge Menschen belasten. Denn es ist bitter nötig, dass wir mit der Politik und den großen Parteien abrechnen, da sie vor allem auch da große Lücken aufweisen, wo sie eigentlich unsere Interessen vertreten sollten.

Selbst die Jusos, bei denen ich mich schon früh engagiert habe, und die SPD machen für mich zu wenig Inhalte für Jugendliche zum Thema. Vor allem in Sachen Klimawandel und Nachhaltigkeit beinhaltet ihr Parteiprogramm nicht genügend konkrete Maßnahmen, um das 1,5-Grad-Ziel einzuhalten. Daher bin ich zu *Fridays for Future* gegangen, habe Streiks und andere Aktionsformen mitorganisiert, um mich politisch so einbringen zu können, wie ich es für richtig halte.

Um den Treibhauseffekt weiß man seit Ende des 19. Jahrhunderts, und spätestens seit den Achtzigerjahren des vergangenen Jahrhunderts ist klar, dass unser industrialisiertes Leben einen negativen Einfluss auf das Klima hat und damit unsere Lebensgrundlagen gefährdet. Seit mindestens vier Jahrzehnten haben wir diese Information und haben doch viel zu lange nichts mit ihr angefangen, den Umstieg erst viel zu spät angepackt. Jetzt den politischen Wandel noch weiter nach hinten zu verschieben, ist absolut fahrlässig. Ob man lieber Arbeitsplätze rettet oder sozialen Ausgleich bei überlebenswichtigen Entscheidungen schafft, ist eine pure Frage des Willens. Die SPD ist, seit ich denken kann, mit in der Regierung gewesen. Und in der gesamten Zeit ist bei den für uns Jugendliche wichtigen, zukunftsweisenden Themen nicht wirklich etwas vorangegangen.

Doch nicht nur innen-, sondern auch außenpolitisch lässt sich eine gewisse Ignoranz gegenüber der Zukunft der jungen Generation beobachten. Dabei werden schon *heute* die Grundlagen dafür gelegt, wie Länder und Menschen in Zukunft miteinander umgehen. Klar ist: Die internationale Zusammenarbeit hat in letzter Zeit nicht gut funktioniert. Besonders deutlich zu sehen war das dank der Coronakrise, in der nicht nur ein »Wettrüsten« der Impfstoffe, sondern auch eine Impfdekadenz der westlichen Industriestaaten stattgefunden haben. Welcher Impfstoff ist wohl zuerst fertig, am sichersten, am schnellsten produzierbar? BionTech, Astra, Sputnik oder doch Moderna? Und während in Deutschland die Impfstoffe bereits verfielen, weil es nicht genug Impfwillige gab, lag die Impfquote im Jahr 2021 auf fast dem gesamten afrikanischen Kontinent bei deutlich unter zehn Prozent. Nicht etwa aus Unwilligkeit, sondern weil die Menschen dort schlicht das Impfangebot gar nicht hatten.

Wie soll unsere Generation mit globalen Problemen und Krisen in der Zukunft umgehen, wenn der internationale Fokus heute vor allem auf Wettbewerb und Vorteilsnahme liegt?

Die Verzweiflung der Schwellen- und Entwicklungsländer, das Gefühl, in der Pandemie vergessen worden zu sein, habe ich in meiner eigenen Familie erlebt. Meine Mutter ist in Indonesien geboren und aufgewachsen. Ihre Eltern und Geschwister leben noch immer dort. 2018 war ich das letzte Mal in Indonesien, um meine Familie zu besuchen. Mittlerweile haben wir uns also Jahre nicht mehr gesehen. Meine Großeltern werden nicht jünger. Auch deshalb waren wir seit Beginn der Pandemie die ganze Zeit über angespannt. Denn wir mussten ständig damit rechnen, dass mein Opa, der über siebzig Jahre alt ist, sich mit dem Virus infizieren wird. Das war auch deshalb sonnenklar, weil alte Menschen in Indonesien keine Chance auf eine Impfung hatten. Anders als in Deutschland wurden dort nämlich nicht die Risikopatient*innen, sondern die Erwerbstätigen priorisiert geimpft. Die Impfstoffe, die man dort zur Verfügung hatte, waren laut Hersteller nämlich nicht für alte Menschen mit erhöhtem Risiko geeignet. Wir lebten in Sorge, dass es ihm schlecht gehen würde, dass er an Long Covid leiden würde, dass er eine Ansteckung nicht überleben könnte.

In den Sommerferien kam ich irgendwann von der Arbeit nach Hause und sah meine Eltern im Wohnzimmer sitzen und schweigen. Ich wusste sofort, dass etwas Schlimmes passiert sein musste. Als mein Vater mir dann erzählte, dass Opa sich tatsächlich mit dem Coronavirus infiziert hatte, war ich zunächst sprachlos. Ich wusste nicht, wie ich mit dieser Nachricht umgehen sollte. Obwohl klar war, dass es irgendwann passieren musste, überwältigte es mich. Dass wir, die wir bereits geimpft und immunisiert waren, nicht bei ihm sein konnten, dass wir nichts für ihn tun konnten, dass er am anderen Ende der Welt quasi auf sich allein gestellt war, kaum Hilfe hatte, war eine schlimme Erfahrung für mich.

Schwellenländer wie Indien und Indonesien hatten zu diesem Zeitpunkt zwar Impfstoff, etwa den chinesischen oder russischen, doch wirkte dieser kaum. Zusätzlich wurde dieser – wie bereits erwähnt – ausschließlich so verimpft, dass nur diejenigen eine Chance darauf hatten, die privilegiert waren, die die Wirtschaft am Laufen hielten, also arbeiten gingen.

Auch die Machtübernahme der Taliban in Afghanistan hat unser Vertrauen in die westlichen Demokratien enorm erschüttert. Dass ein derartig desaströses Versagen von Befriedungsmissionen überhaupt möglich ist, hat uns zutiefst erschreckt. Und dass es dann nicht einmal möglich sein sollte, Geflüchtete aus diesen und anderen Kriegsgebieten bei uns aufzunehmen, macht mich umso wütender. Sind bürokratische Hürden und die Angst vor Geflüchteten die Werte, mit denen wir in Verbindung gebracht werden wollen? Alles, was sich die Älteren gerade bei internationalen Beziehungen zuschulden kommen lassen, wird meine Generation als schwere Hypothek abbezahlen müssen, wenn wir so weit sind, die Politik auszubaden, die uns jetzt eingebrockt wurde.

Wieso sollten wir also der Politik vertrauen, wenn sie uns ständig übergeht, vertröstet und ignoriert?

Der wiederholte Vertrauensbruch führt unweigerlich zu einem Riss. Einem Riss zwischen Jugend und Politik, der immer tiefer klafft und sich nicht so einfach reparieren lassen wird. Dabei scheint es manchmal fast so, als gebe es nicht einmal das geringste Interesse an unserer Sicht auf die Welt und die großen Herausforderungen unserer Zeit. Wenn die CDU in ihrem Wahlprogramm zur Bundestagswahl 2021 von Klimaneutralität bis zum Jahr 2045 schreibt, beweist das, dass wir von den *Fridays for Future* an ihrer Perspektive gar nichts verändert haben. Wenn die FDP zwar Schulen digitalisieren will, dabei aber vergisst, den Lehrplan an das 21. Jahrhundert anzupassen, verkennt sie das größte Problem in unserer Bildung. Wenn die Grünen zwar eine Kindergrundsicherung etablieren wollen, aber trotzdem keine neuen Kita-Plätze schaffen, werden die Probleme der Kinderbetreuung bloß ins Private verlagert.

Ja, Politik bedeutet meist, das geringste Übel zu wählen, doch ist es aktuell schwierig, eine Wahlmöglichkeit zu finden, die auch tatsächlich möglichst wenig Übel verursacht. Stattdessen gibt es viele Parteien mit vielen unterschiedlichen Übeln und nur wenigen Ansätzen, die uns junge Menschen überhaupt ansprechen.

Die gesellschaftliche Stellung meiner Generation, unsere Orte im öffentlichen Raum, unsere Bildung und Berufsausbildung, unsere Gesundheit, unsere berechtigte Angst vor dem Klimawandel sowie der Umgang mit unseren Finanzen sind Themen, die dringend von Politik und Gesellschaft aufgearbeitet werden müssen. In diesem Buch soll es um die Probleme und Sorgen gehen, die junge Menschen bei all diesen Themen umtreiben. Ich möchte konstruktive Kritik daran üben, wie die Erwachsenen mit uns Kindern und Jugendlichen umgehen. Unsere Anliegen müssen gehört und anerkannt werden, damit wir weniger unter der Übermacht der Alten leiden. Deshalb sage ich: Nehmt uns endlich ernst!

KAPITEL 2

WIE DIE GESELLSCHAFT UNS AUSSCHLIEßT

Das ständige Übergangen- und Außenvorgelassen-
werden stört. Ja, es macht wütend. Dabei ist es Teil
eines viel größeren Problems: nämlich eines giganti-
schen Generationenkonfliktes. Dieser Konflikt, der
sich durch die Coronakrise nur noch verstärkt hat,
wirft nicht nur für uns Junge, sondern für die Gesellschaft im Allgemeinen immense Probleme auf.

Dabei scheint es von den Zahlen her verständlich, ja sogar logisch, dass Ältere in beinahe allen
Bereichen des gesellschaftlichen Lebens bevorzugt
behandelt werden. Laut des Statistischen Bundes-
amtes hatte Deutschland im Jahr 2021 eine Bevöl-
kerungszahl von 83,7 Millionen Einwohner*innen.[2]
18,5 Prozent von ihnen waren unter 20 Jahre alt,
24,4 Prozent zwischen 20 und 40. Währenddessen
sind 27,7 Prozent zwischen 40 und 60, 22,0 Prozent
zwischen 60 und 80 und 7,3 Prozent über 80 Jahre
alt (Stand Juni 2022). Menschen unter 40 bilden so-
mit eine klare gesellschaftliche Minderheit, die dazu
aber auch noch unterrepräsentiert ist. Lag das
Durchschnittsalter aller Fraktionen im Bundestag
2021 doch bei 47 Jahren. Wir fordern daher dringend, dass der Bundestag auch das Durchschnittsalter der Bevölkerung widerspiegelt! Noch schließt
dieser jedoch nur Menschen ab mindestens 18 Jahren mit ein. Menschen unter 18 werden dadurch nur
noch mehr benachteiligt.

Zusätzlich zu der institutionellen strukturellen

Benachteiligung beschert der Generationenkonflikt vor allem der jungen Generation ein zunehmend schlechtes Image. Während die Pandemie immer neue Infektionszahlen mit Rekordhoch fabrizierte, war die Rede von jungen Partymachenden, die die Zahlen mit in die Höhe trieben. Dabei ist es nicht so, dass wir ständig Party machen, dass wir nichts anderes in unseren Köpfen haben. Während der diversen Lockdowns in den ersten anderthalb Jahren Pandemie war ich auf genau einer »Party«. Verbotenerweise waren es statt zweien drei Leute, die bei meinem damaligen Freund auf dem Sofa saßen, Popcorn aßen und zusammen eine Serie schauten. Das Ganze dann Party zu nennen, ist ja fast schon ironisch! Dabei waren wir drei in diesem so lange gemissten Moment einfach nur überglücklich, nicht alleine in unseren Zimmern sitzen zu müssen. Wir waren froh, mal für einen Abend nicht von der erdrückenden Einsamkeit heimgesucht zu werden, uns austauschen zu können und einander aufzumuntern. Und auch die Dinge, die mich sonst eher an meinen Freunden nerven – die Diskussionen übers Klettern und Segeln, bei denen ich nicht mitreden kann, zum Beispiel –, ließen diesen Augenblick so wirken, als ob alles ganz genauso wäre wie vor der Pandemie, und ich war daher unendlich froh, diesen mir fremden Themen zuhören zu dürfen. An diesem einen Abend war die Einsamkeit, die uns sonst durch den Lockdown begleitet hatte, ein wenig in den Hintergrund gerückt, doch erging es anderen, die sich konsistent an die Kontaktbeschränkungen hielten, deutlich schlechter. Unsere Generation kann geschlossen von diesem erdrückenden Gefühl der Einsamkeit berichten, auch weil wir uns an die Regeln gehalten haben. Während unsere Eltern – in der Firma oder im Homeoffice – ihren Jobs nachgingen, starteten wir mit Tablet oder Laptop allein in den Tag; manche am Kinderzimmer-Schreibtisch, manche aber auch vom Bett aus. Nicht jeder schaffte es, sich für den digitalen Schulalltag zu motivieren. Meine *Fridays for Future*-Ortsgruppe organisierte online Veranstaltungen, bei denen wir uns abends in Videochat-Räumen trafen und uns über unsere Sorgen und Ängste bezüglich der Pandemie und des Klimawandels austauschten, Livestreams auf Instagram schalteten, in denen wir unser übliches Demo-Programm vortrugen oder zukünftige Aktionen planten. Sonst waren wir freitags immer gemeinsam auf die Straße gegangen, jetzt vernetzten wir uns jede*r von seinem Zimmer aus. Diese Hundertachtzig-Grad-Wende zerrte an unserer aller Nerven, auch weil wir die für uns wichtigere Krise, die Klimakrise, hintenanstellen mussten, zum akuten Schutz der Gesellschaft, zum Schutz der älteren Generationen.

Gleichzeitig konnten die älteren Teile der Gesellschaft oft wie gewohnt ihrer Routine nachgehen. Wenn man richtig erwachsen ist, braucht man keinen öffentlich zugänglichen Ort, um sich mit Bekannten und Freund*innen zu treffen. Man hat ein Zuhause, das man nicht mit Eltern teilen muss, die mitbestimmen wollen, wen man nach Hause einlädt, und einen Arbeitsplatz, der völlig anderen Coronaregeln unterliegt als Uni und Schule.

Die Erwachsenen konnten in Ruhe zusammen alt sein, während uns Jüngeren ein Ort fehlte, um einfach gemeinsam jung sein zu können.

Der Abiball in der Sporthalle

Schon vor der Pandemie hatten wir Jungen kaum eigene Orte und Räume, in denen wir uns ungestört treffen und feiern, zusammen arbeiten und uns für unsere Ideale und Werte einsetzen konnten. Durch die Coronakrise wurden uns nun allerdings auch wichtige Rituale genommen, die etwa den Abschluss einer Lebensphase oder den Beginn einer neuen markieren. An meiner Schule fand der allererste Abiball nach zwei Jahren Pandemie in der Sporthalle statt. Zwischen Basketball-AG und Volleyball-Training blieben ein paar hektische Minuten, in denen der Abschlussjahrgang kurze Reden halten, Bilder machen und sich von der Schulzeit verabschieden konnte. Länger durften sie die Halle nicht benutzen. Dabei sind solche Rituale für uns auch mit einer gewissen Euphorie und Nostalgie verbunden. Wir verabschieden uns von unseren ersten Freund*innen, den Lehrer*innen, die für uns zu Mentor*innen und Bezugspersonen geworden waren, und schließen gleichzeitig ab mit Kindheit und Jugend. Um sich von der Schulzeit richtig lösen zu können und einen sauberen Schnitt zwischen Jugend und Erwachsensein zu schaffen, braucht es Dinge wie Abiball und Zeugnisvergabe. Der Händedruck oder die ein oder andere Umarmung am letzten gemeinsamen Abend, darauf fiebert man schon Wochen vor dem Abiball hin. Und plötzlich duzt man seine Lehrer*innen auch, so haben es zumindest die Klassen vor uns berichtet. Im Ambiente des vorherigen Jahrgangs schien es sich allerdings kaum zu lohnen, ein besonderes Kleid oder anderes schickes Outfit zu tragen, Familie und Freund*innen einzuladen und gemeinsam das Erreichte zu feiern. Wer will schon im Abikleid durch die Turnhalle laufen und Bilder vor dem Basketballkorb machen? Das Ergebnis: Die, die dabei waren, fanden es deprimierend. Die Veranstaltung war nichts Halbes und nichts Ganzes. Chaotisch, hektisch, traurig irgendwie, nachdem die letzten Monate in der Schule dank Pandemie sowieso schon ungewohnt trostlos ausgesehen hatten.

In diesem Jahr waren nun ausgerechnet meine Freundesgruppe und ich mit der Aufgabe betraut worden, unseren Abiball zu planen und auszurichten. Aber auch diesmal war es nicht einfach, ein unvergessliches Fest möglich zu machen. Da keiner wusste, was der Sommer so bringt, und wegen der zahlreichen pandemiebedingten Personalausfälle in der Gastronomie hatten uns schon einige Eventlocations vereinbarte Termine wieder abgesagt. So mussten auch wir im dritten Coronajahr bangen, ob wir überhaupt würden feiern können, dass wir mit der Schule fertig waren.

In meinem Alter erlernt man einen großen Teil der sozialen Kompetenzen, die einen später durchs Leben bringen. Auch emotionale Kompetenz ist zumeist ein Produkt der Jugend. Für all das braucht es allerdings Begegnungen. Begegnungen, die die Pandemie uns in den letzten Jahren größtenteils verwehrt hat. Und damit meine ich nicht das Auslandsjahr in Australien oder das Praktikum in der Tierarztpraxis, sondern bereichernde zwischenmenschliche Begegnungen mit unterschiedlichsten Situationen und Menschen. Während viele große

Betriebe so durchgearbeitet haben wie vor Corona, blieben die Schulen, Sportclubs und Theatergruppen geschlossen. Meine Freundinnen und Freunde konnten nicht im Sportverein Energie ablassen, meine Schwester ihre Kreativität nicht im Zeichenkurs ausleben. Ich hatte Bratschenunterricht von zu Hause aus, Laptop an Laptop mit schlechter Soundqualität. Das Orchester, in dem ich eigentlich spiele, durfte nicht proben. Das waren große Einschnitte in mein und unsere Leben. Mir persönlich tat das besonders weh, weil im Februar, nach fast einem halben Jahr ohne richtigen Unterricht, mein Musik-Abi bevorstand.

Letztendlich bin ich natürlich auch an dieser Herausforderung gewachsen, habe die Prüfung sogar mit »sehr gut« bestanden. Doch haben diese Zwänge und Einschränkungen wirklich sein müssen, während das Leben für viele Erwachsene einfach mehr oder weniger normal weiterging?

Ihr dürft hier nicht sein!

Hier eine weitere Szene aus der Coronazeit, die mir – so oder ähnlich – von ganz unterschiedlichen Bekannten erzählt wurde: Drei Jugendliche sitzen draußen an einem Tisch vor einer geschlossenen

Kneipe oder auf einer Parkbank, die Polizei kommt und verhängt fix ein Bußgeld. Andere Szene: Jedes Mal, wenn ich im Lockdown die öffentlichen Verkehrsmittel genutzt habe, bin ich Leuten begegnet, die ihre Maske entweder nicht richtig oder gar nicht getragen haben. In diesen Fällen von Polizei oder Ordnungsamt keine Spur! Selbst im Zug habe ich mit Leuten rumdiskutiert. Da war eine ganze Reisegruppe, die ihre Masken nur über dem Mund, nicht über der Nase getragen haben. Ich war nicht die Einzige, die sich darüber geärgert hat, auch andere haben sie aufgefordert, sich an die Regeln zu halten. Einige haben sogar mit der Polizei gedroht. Sicher war sich aber keiner von uns, ob die Ordnungshüter*innen überhaupt etwas gemacht hätten. Die Reisegruppe jedenfalls war von unserer Drohung nicht im Geringsten beeindruckt.

Natürlich kann man der Polizei nicht nachweisen, dass sie auf Jugendliche strenger geachtet hat als auf erwachsene Pendler*innen. Aber subjektiv ist dieses Gefühl der Ungerechtigkeit bei vielen aus meiner Generation hängen geblieben.

Und es fühlt sich nicht gut an, das schwächste Glied in einer Gesellschaft zu sein, die Strenge vor allem nach unten weitergibt.

Wir werden allerdings nicht nur subjektiv härter in die Mangel genommen, sondern erfahren gleichzeitig nur wenig Verständnis für das Leid, das uns tatsächlich geschieht. Im öffentlichen Diskurs wurden und werden unsere Beschwerden und Ängste über psychische Belastung, Zukunftsängste, Lebensphasenübergänge häufig als Luxusprobleme oder »First World Problems« abgetan und belächelt. Dabei können die wenigsten Erwachsenen unsere Sorgen in dieser Hinsicht nachvollziehen. Sie alle konnten ohne Angst, nicht genug in der Schule gelernt zu haben, ihr Abitur schreiben und danach mit Gewissheit ihren Abschlussball feiern, ihr weiteres Leben planen. Ohne Corona hatten sie freie Hand in der Gestaltung ihrer Zeit nach dem Schulabgang, und auch über die Anerkennung ihrer Qualifikationen mussten sie sich nur wenige Gedanken machen. Viele von uns aber haben ernsthafte Angst um ihre Zukunft.

An vielen Stellen werden wir Jugendlichen in der Gesellschaft unterdrückt und kleingemacht. Dabei wird oft völlig übergangen, dass es gewisse Kompetenzverlagerungen gibt. Denn mit bestimmten Themen und Bereichen kennen wir Jugendlichen uns deutlich besser aus als ältere Generationen. Der Umgang mit Internet, Social Media und Handy ist uns quasi in die Wiege gelegt. Wir sind die ersten Digital Natives überhaupt. Welche Chancen Instagram, TikTok und Co. den Älteren vor allem wirtschaftlich bieten, haben die meisten von ihnen oft noch gar nicht begriffen. Aber wir werden ja auch nicht nach unseren Fähigkeiten und Kenntnissen gefragt, nicht nur, wenn es um Technikfragen geht. Dass Ältere auch mal von Jüngeren lernen können, hat in unserer Gesellschaft kaum Tradition. Lieber beißen sich Erwachsene die Zunge ab, als um Rat zu fragen. Und das betrifft nicht nur Digitales: Auch in Fragen von Political Correctness werden wir noch immer von vielen Erwachsenen belächelt. Gendern, das Vermeiden veralteter Ausdrucksweisen und die Verwendung neuer Pronomen fallen verständlicherweise vielen, nicht nur den Jungen, noch schwer. Die Bereitschaft dazu, Political Correctness überhaupt anzuwenden, ist vor allem bei älteren Generationen allerdings auch ziemlich beschränkt. Für sie ist es eine Verschandelung der Sprache, für uns eine Sache von Höflichkeit, Rücksichtnahme und gutem

Ton. Doch die gesellschaftlich festgelegte Hierarchie wandelt sich. Höheres Alter heißt nicht mehr zwingend auch mehr Lebenserfahrung. Natürlich kommt mit gewissem Alter ein bestimmter Wissenszuwachs, doch haben inzwischen junge Menschen ebenfalls Kompetenzen, die nichts mit dem Alter zu tun haben und dennoch auch den Problemen von Älteren Abhilfe verschaffen können. Vor allem aufgrund neuer Kompetenzen und einer aktiven Auseinandersetzung mit Themen, die bei den älteren Generationen noch nicht angekommen sind: IT, Kryptowährungen, mentale Gesundheit, Klimawandel.

Wenn Erwachsene immer alles besser wissen

Hier ein Szenario, das ich vor allem bei letzterem Thema schon mehrfach miterleben musste: Freitags bin ich vor der Pandemie mit *Fridays for Future* regelmäßig zu verschiedenen Aktionen auf der Straße gewesen. Kreidemalen, Mahnwachen und Demonstrationen lockten dabei nicht immer nur uns Jugendliche an, sondern Menschen aus allen Generationen gleichermaßen. Uns alle verband die Angst vor dem Klimawandel und der Wunsch, in der Gesellschaft dafür ein Bewusstsein zu schaffen. Dafür suchten wir das Gespräch mit Passant*innen, die bei unseren Aktionen auf uns zukamen. Nicht immer liefen diese Begegnungen respektvoll ab. Bei einer Mahnwache zur Amazonasabholzung etwa standen wir als kleine Gruppe mit Bannern und Plakaten an einem Schulzentrum und versuchten, Schülerinnen und Schüler, also Gleichaltrige, anzusprechen. Neben Schüler- und Lehrer*innen wurden wir auch von einer älteren Dame angesprochen, die zunächst noch an unserer Aktion interessiert wirkte. Ich erzählte ihr offen und aufgeschlossen, worum es uns bei unserer Arbeit ging, um sie von unserer Sache zu begeistern oder wenigstens darüber aufzuklären. Völlig überraschend brach mein Gegenüber allerdings in eine Mischung aus Wut über unser Engagement und Unverständnis für die Angst vor dem Klimawandel aus. Für wen wir paar Gören uns halten würden, so einen Quatsch ohne Scham auf der Straße zu erzählen. Was auf unseren Bannern und Plakaten stehe, sei Humbug und Panikmache. Der Klimawandel sei nichts weiter als eine plumpe Lüge irgendeiner Lobby, um den Menschen Angst und ihnen das Leben schwer zu machen. Ein Verbrechen sei es, dass die Gesellschaft unseren Protest einfach so hinnehme.

Wir hatten es also mit einer typischen Leugnung des Klimawandels zu tun. Allein diese Ignoranz war für uns frustrierend, doch die Art und Weise, in der sie kommuniziert wurde, zeugte von Respektlosigkeit und einem unangenehmen Überlegenheitsgefühl. Im Laufe der Diskussion kamen noch weitere Motive und Ansichten unserer Gesprächspartnerin auf, die wir mehr als fragwürdig fanden. Ein Nein zur Organspende zum Beispiel. Alles in allem war sie der Meinung, dass sich die Jugend wirklich wichtigeren Belangen zuwenden sollte. Was genau sie wichtiger fände, konnte oder wollte sie uns allerdings auch nicht erklären. In einer Mischung aus aufgebrachtem Gefluche und wilden Gesten der Abneigung verließ sie schließlich den Diskussionsort, nachdem sich auch Jugendliche außerhalb unserer Aktion in das Gespräch eingemischt hatten. Zurück blieb eine Handvoll verwirrter junger Menschen, ungläubig über die Konfrontation, die wir da gerade erlebt hatten. Gibt es wirklich Leute, die ernsthaft mit einer solchen Überzeugung leben?, haben wir uns alle gefragt. Leider war diese Begegnung jedoch kein Einzelfall.

Auch auf weiteren unserer Veranstaltungen wurde gepöbelt und gestört. Immer waren es Erwachsene, genau der Typ Mensch, dem man einen »Fuck you, Greta«-Sticker über dem Auspuff seines SUV zutrauen würde, jemand, der Kundgebungen durch Zwischenrufe oder Demonstrationszüge mit Buhrufen stört. Auf den ersten Blick Menschen mitten aus der Gesellschaft. Auf den zweiten Blick Erwachsene, die sich nicht für die Jugend oder ihre Zukunft interessieren.

Aber was ist denn wichtiger als unsere Zukunft? Und warum definiert die Generation vor uns, was für uns relevant sein sollte? Wir müssen nicht missioniert werden darüber, was in der Welt wichtig ist. Wenn man unsere Demonstrationen und Kundgebungen stört, dann ist das auch ein Versuch, uns unsere Meinung und die deutliche Ansprache unserer Belange zu verwehren. Das eine ist es ja, nicht zuzuhören. Schlimm genug. Aber noch viel schlimmer ist es, uns am Sprechen hindern zu wollen. Denn wir sind sicher, dass wir das drängendste Thema unserer Generation in die Hand nehmen werden – nur können wir nicht so lange warten, bis auch die Älteren seine Relevanz akzeptiert haben.

Dieser soeben beschriebene Teil unseres Generationenkonflikts stellt eine Marginalisierung dar, die empört. Dabei beschränkt sich der gesellschaftliche Ausschluss nicht auf eine Ebene, sondern fängt schon bei politischer Repräsentation in den Parlamenten und gesellschaftlich verbreiteten Stereotypen und Vorurteilen an. Kurz gesagt: bei einem schlechten Image der Jugend. Und er entwickelt sich hin zu einer ungleichen Behandlung durch die Exekutive und Judikative, die vor allem während der Pandemie deutlich wurde, sowie einer Verharmlosung unserer Sorgen und Ängste im öffentlichen

Diskurs. Aber auch im Persönlichen werden wir von Erwachsenen häufig kleiner gemacht, als wir sind. Denn dass Ältere auch von Jüngeren lernen können, möchten viele noch nicht begreifen. Wir leben in einer Gesellschaft, die auf viel zu vielen Ebenen Strenge vor allem an uns weniger mündigen Kindern und Jugendlichen übt.

KAPITEL 3

WIE WIR RÄUMLICH VERDRÄNGT WERDEN

Meine Familie lebt, eigentlich eher unbewusst und aus Versehen, in einem Mehrgenerationenhaushalt. Dabei sind wir nicht Kinder, Eltern und Großeltern, sondern nur Kinder und Eltern. Mein Vater ist zwischen den Weltkriegen geboren, lernte meine deutlich jüngere Mutter kurz vor seinem Renteneintritt kennen. Gemeinsam bekamen sie noch mal zwei Kinder. Mein Vater stellt also die erste Generation, meine Mutter die zweite und wir Geschwister die dritte Generation dar. Es ist unvermeidbar, dass in unserem Alltag ein gewisser Austausch und Diskurs über generationenspezifische Themen und Situationen stattfinden. Mein Zuhause ist und war schon immer ein Ort, an dem wir voneinander lernen, uns gegenseitig verstehen und miteinander wachsen. Wir wissen, wie unterschiedlich, aber manchmal auch ähnlich Junge und Alte denken. Diese Möglichkeit des Austausches fehlt vielen anderen Menschen, die diesen regelmäßigen Kontakt zur anderen Generation nicht haben. Denn es mangelt schlicht an Möglichkeiten und Orten dafür.

Dabei zieht sich das Fehlen von Begegnungsorten wie ein allgemeines Phänomen durch unser öffentliches Leben. Nicht nur Orte für Jung und Alt, sondern auch solche für uns Jugendliche fehlen an den meisten Stellen. Wo treffen wir uns, wenn wir nicht gerade im Café, in der Schule oder an der frischen Luft sitzen?

Während der Pandemie haben wir uns vermehrt über das Internet getroffen. Plattformen wie Discord oder Zoom haben Räume für sichere Unterhaltungen geliefert, dafür gesorgt, dass wir ein bisschen weniger einsam waren. Wir haben viele spannende Gespräche per Gruppenanruf und auch über Textnachrichten geführt, auf diese Weise sogar ganze Abende miteinander verbracht. Wir haben das genutzt, was uns eben gerade zur Verfügung stand, und es uns sogar ein Stück weit zu eigen gemacht. Während Corona haben sich teilweise neue Freundeskreise gebildet oder die alten erweitert, wir haben miteinander Filme und Serien geschaut oder Videospiele gespielt. Jede*r von seinem eigenen Zimmer aus. Und trotzdem haben wir uns in einem gemeinsamen Raum, einem virtuellen Raum verbunden gefühlt. Andere Möglichkeiten hatten wir ja nicht. Wir durften uns nicht »in der Realität« treffen, denn es gab keine physischen Räume, in denen Treffen als Freundesgruppe legal und sicher waren. Wir alle waren sehr diszipliniert und haben uns an die Coronaregeln gehalten. Auch deshalb glaube ich, dass es ganz viele junge Leute wirklich nötig haben, jetzt endlich mal wieder in den Club gehen zu dürfen, das Leben zu genießen. Drei Jahre sind eine sehr lange Zeit, wenn man vierzehn, fünfzehn oder sechzehn Jahre alt ist ... Irgendwann ist diese Zeit vorüber, und wir können uns doch nicht alles für später aufheben.

Trotzdem haben wir uns so lange an die Regeln gehalten, auch und vor allem, um andere zu schützen. Zurückgegeben wurde uns jedoch kaum etwas.

Ein Club als Trostpflaster

In Baden-Württemberg gab es im Sommer 2021 ein Modellprojekt, bei dem ein Club in meiner Heimatregion teilnehmen durfte. Man hat sich vor und nach dem Clubbesuch testen lassen, durfte ansonsten aber als geimpft oder genesen zusammen feiern. Alle anderen Clubs blieben hingegen geschlossen, selbst als sie offiziell wieder hätten aufmachen dürfen. Sie hatten Angst davor, durch die sehr strengen Vorsichtsmaßnahmen, die für sie galten, noch mehr Umsatzverlust zu machen oder andere Probleme zu bekommen. Für die Jugend bedeutete das das Fehlen von Orten, an denen wir einfach jung, ausgelassen und frei sein konnten. Stattdessen waren wir gezwungen, uns zu Hause, draußen oder gar nicht zu treffen. Denn selbst Schulen oder Unis waren nur sporadisch oder gar nicht geöffnet.

Dementsprechend groß kann man sich daher den Andrang auf dieses besondere Angebot vorstellen. Innerhalb weniger Tage waren alle verfügbaren Tickets ausverkauft gewesen. Einer meiner engsten Freunde sagte sogar einen wichtigen Arzttermin ab, nur um an dieser Party teilnehmen zu können, so wichtig war ihm die Möglichkeit, wieder ausgelassen feiern zu können. Selbst seine eigene Vorerkrankung und das damit verbundene Risiko einer Corona-Infektion waren ihm weniger wichtig als eine Nacht im Club. Er war einer derjenigen in meinem Umfeld gewesen, denen das ständige Zu-Hause-Rumsitzen besonders zugesetzt hatte. Umso mehr freute ich mich für ihn, dass er die Möglichkeit hatte, wieder unter Leute zu kommen. Für mich selbst war es gar keine Option, auf diese Party zu gehen. Ich wollte meine Familie, vor allem meinen Vater, schützen. Es hat noch lange gedauert, bis ich mich allmählich wieder in große Menschenmengen und auf öffentliche Veranstaltungen getraut habe, weil ich wusste, wie gefährlich eine Ansteckung für meine Familie hätte sein können.

Doch auch ohne Corona gibt es für uns nur wenig Raum in der Öffentlichkeit. Für Spielplätze sind wir deutlich zu alt, und selbst wenn wir uns auf einem solchen treffen, werden wir regelmäßig von den Eltern der Kleinkinder vertrieben. Auch in Parks gibt es unschöne Kontrollen und oft auch einschränkende Öffnungszeiten. Für Restaurants fehlt vielen von uns das dafür nötige Geld. Es gibt Jugendcafés. Diese sind aber, in meiner Umgebung zumindest,

Relikte vergangener Jugend- und Sozialarbeit, Orte für die Zwischengeneration vor uns. Niemand, den ich kenne, geht dorthin. Zu sehr fühlen sich Jugendcafés an wie Orte, die uns nur geliehen wurden, an denen wir ständig überwacht werden. Es gibt dort oft stark beschränkte Öffnungszeiten, veraltete Brettspiele oder pädagogische Aktivitäten und daneben noch Jugendarbeiter*innen, die unsere heiß ersehnte Privatsphäre stören.

Die Jugend von heute wünscht sich kostenloses Internet, Räume, die auch unter der Woche zugänglich sind, und Erwachsene, die Verständnis haben für den Freiraum, den wir brauchen, um uns auszuprobieren.

Zumindest auf dem Land, wo ich aufgewachsen bin, gibt es all das nicht.

Und selbst wenn derartige Räume existieren und uns Jugendlichen Freiheiten bieten, sind sie oft in der nächsten größeren Stadt und damit fast nicht oder nur mühsam zu erreichen. Alle weiteren Räume, die wir Jungen prinzipiell nutzen dürfen, werden entweder von politischen Parteien, kirchli-

chen Organisationen oder der Freiwilligen Feuer-
wehr betrieben. Auch das ist nicht ganz unproble-
matisch ...

Wenn die Suche nach Gemeinschaft ins Leere führt

Eine meiner Freundinnen, die kurz vor der Pandemie eine christliche Jugendorganisation verließ,
beschreibt den Wunsch nach Gemeinschaft und Zu-
gehörigkeit – und seine Folgen – immer wieder besonders eindrücklich. Besagte Jugendorganisation,
von uns bloß als »die Sekte« bezeichnet, war für sie
seit frühester Kindheit gleichermaßen Lebensmittelpunkt und Freizeitbeschäftigung. Mit der Pubertät stellte sie die dort vermittelten Werte und Glau-
bensvorstellungen aber zunehmend infrage und
wendete sich später ganz von der Kirche ab. Ihren
Austritt begründet sie auch mit einem Motiv, mit
welchem Organisationen wie diese solche Jugendräume und -programme anbieten. Nämlich dem Motiv, den Missionsauftrag aus der Bibel umzusetzen.

Mit dem Weggang aus der »Sekte« fielen ihr ge-
wohntes soziales Umfeld und all ihre üblichen Frei-
zeitaktivitäten weg. Außerhalb der Schule hatte sie
plötzlich fast keine Freund*innen und Vertraute
mehr. Jahrelange Freundschaften, die schon seit der

Kindheit bestanden hatten, zerbrachen von heute auf morgen. Sie war entschlossen, einen Ersatz zu finden, der ihr dieses Gemeinschaftsgefühl hätte vermitteln können, denn sie wollte weiterhin einen Ort haben, an dem sie mit Gleichaltrigen zusammenkommen und sich wohlfühlen konnte. Wo aber geht man hin, wenn man weder einer bestimmten politischen Überzeugung noch der Kirche oder einer anderen Religion angehört und auch nicht gerade Brände löschen möchte?

Und noch ein Beispiel aus der Pandemie: Während des Lockdowns waren selbst Skaterparks geschlossen. Das Gut der Jugendlichen, sich sportlich zu bewegen, Risikobereitschaft einzuüben, ihre sportlichen Fähigkeiten zu erweitern, ihrem Hobby nachzugehen, wurde flugs einkassiert. Und das, obwohl es ein Sport ist, bei dem ohnehin viel Abstand gehalten wird und der grundsätzlich im Freien stattfindet.

Was es also braucht, sind mehr Angebote auf kommunaler Ebene. Die wenigsten Gemeinden haben Sozialarbeiter*innen, die für solche Safe Spaces zuständig sein könnten. In einer etwas größeren Stadt in dem Landkreis, in dem ich aufgewachsen bin, gibt es tatsächlich ein Jugendzentrum, das einen gelungenen Safe Space darstellt. Es besteht nicht nur aus einem Café, wie es das klassischere Modell vorsieht, sondern ist ein großes, offen gestaltetes Gebäude mit Arbeitszimmern und vielen Bereichen, um sich zurückzuziehen. Besagte Kreisstadt ist von meinem Heimatort allerdings nur nach einer Stunde Fahrtzeit zu erreichen.

Verantwortlich dafür, dass es einen Ort für junge Menschen in dieser Form überhaupt gibt, ist das in der Stadt ansässige Jugendparlament. Dieses hat zwar keinerlei aktiven Einfluss auf das stadtpolitische Geschehen, bekommt aber ein nicht ganz unerhebliches Budget, um genau solche Projekte anzugehen. Worauf es also ankommt, ist das Mitgestaltungsrecht junger Menschen. Warum wird diese Möglichkeit der Partizipation aber auf Dinge beschränkt, die ausschließlich Jugendliche betreffen? Der öffentliche Raum wird von allen gleichermaßen genutzt, aber in den meisten Städten ausnahmslos von Erwachsenen geplant. Dabei zeigen vereinzelte Initiativen, dass alle einen Vorteil daraus ziehen würden, wenn Kinder und Jugendliche unsere Städte mitgestalten dürften. Das Projekt »Growing Up Boulder«[3] der University of Colorado zum Beispiel zeigt, dass Städte durch den Einfluss von Jugendlichen grüner und inklusiver werden, wie Jill Suttie 2019 im *Greater Good Magazine* berichtete.[4] Erklären lässt sich das laut Suttie damit, dass Kinder Wert auf ganz andere Dinge legen als Erwachsene. Sie hätten eine Neigung dazu, »biophil« zu sein, sich also nach mehr Natur zu sehnen. Außerdem kämen durch ihr Mitwirken völlig neue Lösungen für Probleme zustande, da junge Menschen deutlich kreativer und outside the box denken. So lasse sich beispielsweise eine erhöhte Sicherheit im Verkehr erklären, die durch die Mitwirkung von jungen Menschen geschaffen werde. Kinder wollen sich im öffentlichen Raum auch ohne den Schutz ihrer Eltern frei bewegen können und wünschen sich deshalb oft getrennte Fahrbahnen für Autos, Fahrräder und Fußwege sowie bauliche Absperrungen zu Straßen. In ihrem Artikel »What Happens When Kids Help Design Our Cities« berichtet sie außerdem vom Wunsch der Jugendlichen nach sicheren Orten, von denen aus sie an der Gesellschaft teilhaben können. Vor allem Orte, an denen mehrere Generationen zusammenkommen, seien dafür ideal geeignet. Denn dann können gedanklicher und sozialer Austausch stattfinden, unter Menschen mit unterschiedlichsten Hintergründen. So wie in meiner Familie. Projekte wie »Growing Up Boulder« verdeutlichen einmal mehr, dass alle Städte und Kommunen Kinder und Jugendliche bei ihrer Gestaltung des öffentlichen Raums mit einbeziehen sollten. Der öffentliche Raum wird nämlich von allen, auch von uns Jüngeren, genutzt. Deshalb und auch weil alle auf mehreren Ebenen davon profitieren würden, braucht es ein Umdenken in der Kommunalpolitik und Verwaltung hin zur Integration der Ideen von Kindern und Jugendlichen in die Städteplanung.

Die meisten Kinder und Jugendlichen verbringen an und für sich ja auch gerne Zeit mit ihren Eltern und Großeltern, wollen aber darüber mitbestimmen, in welchem Maß und an welchen Orten sie sich außerhalb des Zuhauses treffen. Meine zwei besten Freund*innen und ich haben beispielsweise einen Versuch gestartet, unsere Eltern miteinander zu »verkuppeln«, weil wir gerne Zeit mit allen zusammen verbringen wollten. Angefangen haben wir bei uns zu Hause, wo wir versucht haben, uns selbst mit den Eltern der jeweils anderen möglichst gut zu stellen, dann haben wir unsere Eltern auf Schulveranstaltungen einander vorgestellt. Später haben wir sie alle auf ein Picknick-Konzert eingeladen, wo sie sich noch besser kennenlernen konnten. Wir drei Jugendlichen haben uns sehr darüber gefreut, dass Jung und Alt ausnahmsweise mal nicht voneinander getrennt waren, denn die Gespräche, die zwischen uns und unseren Eltern bei dieser Gelegenheit entstanden sind, waren äußerst spannend. Obwohl unsere Eltern aus unterschiedlichen sozialen, kulturellen und beruflichen Hintergründen stammen, vielleicht auch gerade deshalb, fanden sie schnell Interesse an der Diskussion, und auch wir Jüngeren konnten eifrig mitreden. Aus Mangel an Orten, an denen wir alle hätten zusammenkommen können, haben wir uns einfach selbst einen erschaffen und waren positiv überrascht von den schönen Gesprächen und dem Diskurs, der sich daraus ergeben hatte.

Ich persönlich habe für einige Zeit soziale Zuflucht bei einer zwar politischen, aber nicht parteilichen Bewegung gefunden: bei *Fridays for Future*. Die flachen Hierarchien und die gemeinsame Arbeit aus der geteilten Überzeugung heraus, die Folgen des Klimawandels zu mindern, machten meine Mitstreiter*innen quasi automatisch zu meinen Freund*innen. Und auch Räume für unsere Arbeit wurden uns zur Verfügung gestellt, von Menschen und Organisationen, die unsere Bemühungen für bewundernswert und vorbildlich halten. Wir fanden Unterschlupf in kleinen Ateliers und unscheinbaren NABU-Büros. In privaten Tüftler-Vereinen und Schulräumen. Wir kamen also auf diese Weise auch mit Erwachsenen zusammen und hatten Gelegenheit, uns über unsere Ideen zum Klimaschutz und über unsere gemeinsamen Ängste miteinander auszutauschen. Aber hobbymäßig Demonstrationen zu organisieren, ist nicht jedermanns Sache.

Der einzige physische Ort, an dem wir tatsächlich unabhängig neue Kontakte knüpfen und pflegen können, ist für die allermeisten immer noch die Schule. Aber auch dort liegt ja der Schwerpunkt auf dem Lernen und nicht darauf, neue Freund*innen zu finden oder soziale Kontakte zu pflegen. Und außerdem gibt es auch dort eine Aufsichtspflicht, die natürlich die Erwachsenen haben. Damit verbunden sind Einschränkungen, die unser Miteinander stark reglementieren.

Wir Jugendlichen haben den Wunsch nach neuen Orten, die sowohl ungestört als auch einladend sind. Die nicht ständig überwacht werden von irgendwelchen Erwachsenen. Wir wollen sozial sein und eigenverantwortlich. Wir wollen uns in einem geschützten Umfeld ausleben können, uns selbst entdecken, Queerness und Klimaschutz für uns selbst definieren, herausfinden, wer wir sind und wer wir später mal sein wollen.

Bei Räumen für Jugendliche geht es nicht nur um Zuflucht, sondern auch immer um unsere Identität.

Und genau diese Identitätsfindung durch Orte macht jede Generation für sich selbst durch. Für unsere Eltern und die Generation zwischen uns mögen das Jugendcafés, Kirchenräume oder Sportvereine gewesen sein, für die Generation unserer Großeltern ähnliche Räume. Nur uns fehlen diese Entfaltungsmöglichkeiten jetzt vollkommen. Wir haben uns als erste Generation die virtuellen Räume des Internets zu eigen gemacht. Durch die Pandemie hatten wir keine andere Wahl. Doch fehlen bei diesem gleichzeitigen Zusammen- und Alleinsein auch bestimmte Aspekte, die Begegnungen erst so richtig schön machen. Begrüßungsumarmungen zum Beispiel, ein verständnisvolles, aufbauendes Lächeln, wenn man von seinen Sorgen erzählt. Aber auch ganz generell die Mimik und Gestik, wenn man in eine Auseinandersetzung gerät. Nach der Pandemie haben persönliche Treffen für viele aus meiner Generation eine ganz andere Bedeutung erhalten als davor. Wir schätzen Treffen, bei denen man sich ansehen und anfassen kann, inzwischen auf eine ganz neue Weise. Wer weiß, wann uns diese Möglichkeit durch die nächste Pandemie wieder genommen wird. Zumal die jetzige noch nicht vorbei ist.

Wir Jugendliche brauchen unbedingt eigene Räume für uns selbst, nicht nur, um mit Gleichaltrigen alleine zu sein und uns fernab von den Erwachsenen auszutauschen, sondern genauso Orte, an denen Begegnungen und Austausch mit allen Generationen stattfinden können. Um diese Orte zu schaffen, ist es ein erster und wichtiger Schritt, Kinder und Jugendliche beispielsweise selbst an der Städteplanung mitwirken zu lassen. So ergeben sich außerdem noch viele andere Vorteile für die gesamte Gesellschaft, wie etwa mehr Grünflächen oder eine erhöhte Sicherheit im Straßenverkehr. Meine Generation möchte nicht länger aus dem öffentlichen Raum verdrängt werden. Wir brauchen sichere Orte, an denen wir uns treffen und zurückziehen können.

KAPITEL 4

WIE DIE SCHULE UNS AUSSITZT

Es ist traurig und geradezu tragisch, ja eigentlich skandalös, wie sehr das derzeitige Schulsystem unsere Hoffnung, etwas fürs Leben zu lernen, enttäuscht, wenn nicht sogar erstickt. Nicht wir Schüler*innen stehen im Zentrum des Lernens, sondern die Vorgaben von Kultusministerien und Lehrplänen. Die Schule interessiert sich nicht für uns, sie sitzt uns aus, schleust uns durch, ohne an Entwicklung, Ausbildung und Wachstum ihrer Schutzbefohlenen interessiert zu sein. Ist es nicht furchtbar, so etwas nach dreizehn Jahren Schule sagen zu müssen?

Ich muss es erneut betonen: Die Schulen interessieren sich eigentlich nicht für uns, sondern sitzen uns aus. Das heißt, sie machen so lange das, was sie für richtig halten, und warten ab, bis wir Jugendlichen wieder verschwunden sind. Bis zu dreizehn Jahre lang drücken wir teilweise die Schulbank und lernen dabei Dinge, an deren Relevanz wirklich Zweifel angebracht sind. Noch dazu hängt, was wir lernen, oft davon ab, in welchem Bundesland wir zu welcher Zeit in die Schule gehen. Meine zwei Jahre jüngere Schwester hatte schon in der Mittel- und Unterstufe Fächer auf ihrem Stundenplan stehen, die ich selbst nie erlebt habe und die nach nur wenigen Jahren schon wieder vom Lehrplan verschwunden sind.

BNT (Biologie, Naturwissenschaften und Technik), Wirtschaft oder Informatik sind hier nur ein paar Beispiele, die immer noch kein fester Bestandteil des Stundenplans sind. Und trotz ständiger Neuerungen und Reformen ähnelt vieles in unserem Schulsystem dem Schulalltag unserer Großelterngeneration.

Es fängt an mit Tafel und Kreide, die an den meisten Schulen als Hauptunterrichtsmedium dienen, und geht weiter mit den verschiedenen Schubladen, in die Schüler*innen kategorisch gesteckt werden. Bildungsforscher und Soziologe Aladin El-Mafaalani stellt in Folge 535 des Podcasts Jung & Naiv[5] dar, worauf diese ursprünglich elitäre Segregation in unserem Schulsystem beruht. El-Mafaalani erläutert, wie sich historisch bedingt ein solch komplexes und undurchsichtiges Bildungswesen entwickelte, wie wir es heute kennen und nutzen. Die Aufteilung, die heutzutage aufgrund von notenbasierten Empfehlungen in der Grundschule durchgeführt wird, habe ihren Ursprung in dem Wunsch von Akademikereltern, ihre Kinder im sozialen und bildenden Umfeld von Kindern der Arbeiterschaft zu trennen. Haupt- und Werkreal-, Realschüler*innen und Gymnasiast*innen bekommen nach der Grundschule eine Empfehlung, welche Schulform für sie am geeignetsten sei, die allerdings nicht verbindlich ist und es möglich macht, sowohl nach oben als auch nach unten auszuweichen. Laut El-Mafaalani findet dieses

Ausweichen in niedrigere Bildungsstufen vor allem in Arbeiterfamilien statt. Und auch im Studium setzt sich dieses in Deutschland einzigartige System der Unterteilung fort. Es gibt Universitäten und Fachhochschulen – Erstere für eine stärker theoretisch orientierte, intellektuelle Lehre, Letztere für einen praxisorientierten Zugang. Doch auch hier, klärt El-Mafaalani auf, wird die ursprüngliche Trennung in Arbeiterklasse und Intellektuelle, initiiert durch die höhergestellten Akademiker*innen, fortgeschrieben. Es wird eine Ausbildungshierarchie geschaffen, die nicht nur wenig durchlässig, sondern außerdem gesellschaftsprägend ist. Ich finde, wir sollten keine Bildungskultur beibehalten, die von Grund auf gegen Integration und Toleranz agiert. Als Gesellschaft, die den Anspruch an sich selbst hat, so gebildet wie möglich zu sein, kann ein System, das Konkurrenz und Ausschluss fördert, gar nicht die gewinnbringendste Struktur sein. Was es dringend braucht, ist eine Umstrukturierung des gesamten Bildungsapparates.

»Das Kind muss aufs Gymnasium.«

Nach der vierten Klasse, in welcher in Baden-Württemberg und den meisten anderen Bundesländern die Wahl der weiterführenden Schule getroffen werden muss, wollte ich eigentlich eine Gemeinschaftsschule besuchen. Der Flyer der Schule hatte meinen Wunsch nach Spaß beim gemeinschaftlichen Lernen und individueller Förderung angesprochen. Ich war zwar schon immer eine Schülerin mit guten Noten gewesen und hätte dieses besondere Angebot gar nicht gebraucht, doch begeisterte mich der Gedanke der speziellen Hilfe für schwächere Schüler*innen sehr. Letztendlich waren meine Eltern jedoch dagegen, mich auf die Gemeinschaftsschule zu schicken, mit der Begründung, dass ich womöglich Potenzial verschwenden könnte. Die typische Begründung für Akademikereltern, ihre Kinder aufs Gymnasium zu schicken. Heute, neun Jahre später, kann ich diese Befürchtung selbst etwas besser nachvollziehen. Inzwischen habe ich Bekannte und Freundesfreunde, die auf Gemeinschaftsschulen gegangen sind. Was sie über die dortigen Lernbedingungen erzählen, ist erschreckend. Der grundsätzliche Lehrer*innen-Mangel macht sich vor allem dort bemerkbar, wo besonders viele Lehrer*innen gebraucht werden, was dazu führt, dass die eigentlich angedachte Förderung nicht ermöglicht werden kann, und schlimmer noch, dass es für eine Lehrkraft schlicht unmöglich ist, allen unterschiedlichen Ansprüchen einer Klasse der Gemeinschaftsschule gerecht zu werden.

Zusätzlich zu diesem veralteten und intoleranten Bildungssystem bedienen sich die meisten Bundesländer, bei denen noch immer die Entscheidungsgewalt über die Schulen liegt, an Unterrichtsmaterialien, die in vielerlei Hinsicht am Puls unserer Zeit völlig vorbeigehen. Der Unterricht sollte sich viel stärker an relevantem Stoff orientieren. Was ist eigentlich wirklich wichtig für die Zukunft unserer Generation und was nicht? Wo liegen die Herausforderungen der nächsten Jahrzehnte, für die unsere Generation gewappnet sein muss?

Globalisierung, Digitalisierung und Klimawandel sind hier nur ein paar wenige Themen und Herausforderungen, die unbedingt genannt werden müssen, wenn es um eine Reform der schulischen Bildung geht.

Am Gymnasium in Baden-Württemberg habe ich zwar viel von dem gelernt, was das Bildungsbürgertum für eine humanistische Gesellschaft voraussetzt, allerdings verändert sich die Welt rasant. Nur in der Schule scheint das bislang nicht angekommen zu sein. Im 21. Jahrhundert muss beispielsweise Schillers *Die Räuber* vielleicht nicht mehr bis zum Abwinken analysiert werden, und auch das Wissen um die exakte Schichtung von Blättern im Regenwald hätte ich gerne gegen eine andere, tatsächlich nützliche Kompetenz eingetauscht. Zeitlich und inhaltlich relevante Schullektüren (zumal die Perspektiven von Autorinnen) und ein ganzheitlicheres geografisches Wissen wären nicht nur spannender gewesen, sondern auch sinnvoller für einen breiten Horizont.

Statt das Wissen aus der Schule im Gedächtnis zu behalten, bilden sich viele meiner Freundinnen und Freunde im Internet weiter.

Und auch ich kenne die Situation, wenn man sich stundenlang von Wikipedia-Artikel zu Wikipedia-Artikel hangelt und sich plötzlich in einem Rabbit Hole über Polytheismus, Krankenkassen oder Bill Gates wiederfindet. Im Zeitalter des Internets kann man jede Information zu jeder Zeit in Sekundenschnelle abrufen. Die Wissensgewinnung ist flexibel geworden, und es wäre sicher wichtiger, den souveränen Umgang mit diesen Informationsfluten einzuüben. Dem sollte Schule mit neuen Konzepten gerecht werden. Durch zu starre Lehrpläne und unflexible Vorgaben der Kultusministerien ist das bisher nämlich schlicht unmöglich. Solange die Lehrpläne sich an althergebrachten Inhalten und Formen orientieren, ist hier auch den Lehrer*innen kein Vorwurf zu machen; auch wenn gerade unerfahrenere Lehrer*innen dadurch frustriert werden und ihren Frust dann wiederum an uns Schüler*innen weitergeben. Selbstständiges, kritisches Denken kommt dabei viel zu kurz. Und wäre in Zeiten von Fake News dabei immens wichtig.

Wirtschaftswissen – aber nicht für alle

Hier ein Beispiel zum Unterricht, dem wichtige Inhalte fehlen: In der Kursstufe konnte man zwar einen Wirtschafts-Leistungskurs belegen, doch wurde dem Rest der Schüler*innen während der gesamten schulischen Laufbahn das Lernen über den Umgang mit Geld und Finanzen gänzlich verwehrt. Im Zeitalter von Onlinebanking und digitalisierten Finanzströmen aus Kryptowährungen wird ein solches Wissen immer wichtiger und essenzieller für die eigene Existenz. Wie sollen wir dieses vermittelt bekommen, wenn die Mehrheit derer, die uns unterrichten, sich selbst damit nicht auskennen? Selbst der einfachste Umgang mit Geld wird in der Schule nicht thematisiert. Wie kann ich Geld sparen, wie funktionieren Zinsen, Steuerklassen oder Kredite? Und vor allem: Wie mache ich eine Steuererklärung? Meiner Generation wird hier Kompetenz vorenthalten, ohne die es schwer wird, in einer kapitalistischen, konsumorientierten Welt zu überleben.

Aber auch der Teil der Welt, der im Zentrum unserer Bildung steht, muss sich dringend für weitere Perspektiven öffnen. Geschichte und Geografie, aber auch Kunst und Sprachen fokussieren sich fast ausschließlich auf ein eurozentristisches Weltbild. Dabei gehört doch zu einer freien, gebildeten Gesellschaft auch das Wissen über Kulturen und Menschen außerhalb unseres unmittelbaren Horizonts. Was passierte auf der Welt außerhalb des europäischen Kolonialismus? Wie sehen die Menschen auf der Südhalbkugel die Herausforderungen unserer Zeit? Wieso stehen Türkisch, Arabisch oder Hindi nicht zur Wahl bei der zweiten oder dritten Fremdsprache? Die Wünsche, Bedürfnisse und Stärken der Schüler*innen kommen an den meisten Stellen noch immer viel zu wenig zur Geltung.

Und wenn in unserem aktuellen System alle in

einem Schultypus eines Bundeslands schon das Gleiche lernen müssen, warum gibt es dann keine bundesweiten Standards für Schulabschlüsse? Im Moment sind die Prüfungen uneinheitlich und ungerecht. Für Realschulabschlüsse beziehungsweise den Abschluss der zehnten Klasse können sich die Länder nicht mal auf einen einheitlichen Namen einigen. So gibt es insgesamt zehn Bezeichnungen für die durch unterschiedliche Prüfungen erworbene Qualifikation. In manchen Bundesländern müssen außerdem alle Zehntklässler vor dem Abitur die mittlere Reife, einen mittleren Abschluss, die Fachoberschulreife oder einen vergleichbaren Abschluss mit anderem Namen vorweisen. Das Abitur selbst wird in Rheinland-Pfalz von den Fachlehrer*innen für die Prüflinge zusammengestellt, während in Baden-Württemberg oder Bayern zentral für alle die gleichen Prüfungen gestellt werden. Auch ist das Abi an keinen gemeinsamen Schwierigkeitsgrad gekoppelt. So schreibt das RedaktionsNetzwerk Deutschland 2020 etwa von »Ungerechtigkeit beim Hochschulzugang«[6] und einem fehlenden Zusammenhang von Leistung, Noten und Quoten bei bundesweiter Betrachtung des Abiturs. Trotzdem wird an Hochschulen jedes Abitur gleich anerkannt, egal, in welchem Bundesland es erworben wurde. So beginnt der Start in das von den Eltern losgelöste Leben oft bereits mit einer Ungerechtigkeit unter denjenigen, den Gleichaltrigen, mit denen man sich eigentlich beim Studienbeginn verbunden fühlen möchte.

Auch die Benotung ist subjektiv und intransparent. Außerdem erhält sie einen zu hohen Stellenwert. Sie zielt auf den Vergleich zwischen den Schüler*innen ab, statt auf die Erfolge und Fortschritte der eigenen Person zu achten. Für mich persönlich haben Noten dafür gesorgt, dass ich unfassbar ehrgeizig geworden bin. Meine Mutter ist in Indonesien aufgewachsen und zur Schule gegangen. Sie kennt ausschließlich eine Lernkultur, in der Noten sehr wichtig und auch mit dem Status und Ansehen der eigenen Familie verbunden sind. Seit Beginn meiner schulischen Laufbahn begleitet mich dieser Leistungsdruck. Natürlich lerne ich nicht ausschließlich für die Noten oder Lehrer*innen, sondern vor allem aus eigenem Interesse, doch sind letztendlich die Erwartungen anderer Menschen das, was mich motiviert hält, immer wieder aufs Neue gute Noten mit nach Hause zu bringen. Diese Erwartungshaltung nährt aber auch ein Konkurrenzdenken unter den Schüler*innen, das von Neid und Versagensangst geprägt ist. Und auch meine Mutter legte lange nicht nur Wert auf die Noten ihres eigenen Kindes, sondern mindestens genauso viel darauf, dass ich besser als meine

Freund*innen war. Ihr Kind sollte das schlaueste von allen sein. Dabei würden wir – weder meine Mutter noch meine Klassenkamerad*innen noch ich – gar keinen Nachteil daraus ziehen, wenn Mitschüler*innen genauso gut oder besser sind. Und Noten haben letztendlich auch wenig mit Intelligenz, sondern vielmehr mit Lernverhalten zu tun. Wieso stehen im schulischen Miteinander so oft Leistungsvergleiche und nicht die Person im Vordergrund?

Es geht auch anders

Wer außerhalb des staatlichen Schulwesens sucht, kann alternative Lernkonzepte finden, bei denen Noten und Zensuren keine Rolle spielen. Durch meinen ersten festen Freund, der auf eine Waldorfschule ging, wandelte sich mein Freundeskreis von Menschen, die ausschließlich Staatsschulen besuchten, hin zu neuen Bekannten, die auf der Waldorfschule waren. Für mich wie für meine neuen Freund*innen waren es immer wieder kleine Schocks, wie surreal manche Dinge wirken, die für unsere Schulformen typisch sind, an der jeweils anderen aber so gar nicht stattfinden. Zum Beispiel das Thema Hausaufgaben: Für mich waren Hausaufgaben von der ersten Klasse an unumgänglicher

Bestandteil meiner Freizeit. Dafür haben nicht nur meine Eltern gesorgt, sondern mindestens genauso die in der Schule drohenden Konsequenzen, wenn man mal eine nicht gemacht haben sollte. Von »Hausaufgabenstrichen« über Stundenprotokolle bis hin zu Nachsitzen hatten alle Lehrer*innen so ihre eigenen Methoden, um den Unterricht am Nachmittag mit ins Kinderzimmer zu schicken. Hinzu kamen in der Mittel- und Oberstufe die Vorbereitungen und das Lernen für Klassenarbeiten und Tests, um die ich meine sonstigen Aktivitäten herumlegen musste. An der Waldorfschule waren Hausaufgaben und Klassenarbeiten zwar auch kein Fremdwort, doch wurde mit ihnen ganz anders umgegangen. Meine neuen Freund*innen konnten sich frei entscheiden, ob sie ihre Hausaufgaben machten oder nicht. Die Aufgaben wurden auf freiwilliger Basis verteilt. Und auch Klassenarbeiten bestimmten nicht über die Versetzung in die nächste Klassenstufe, sondern sie wurden lediglich zur eigenen Feststellung des Wissensstands geschrieben. So lernten die Schüler*innen dieser Schulform natürlich vor allem für Themen und Fächer, für die sie ohnehin schon ein großes Interesse aufbrachten. Ob das zu einer Verengung des Wissenserwerbs führt, möchte ich eher bezweifeln. Denn wenn man an der staatlichen Schule in jedem Fach auf die gleiche Art guten Noten hinterherjagt, lenkt das ebenfalls von den eigenen Vorlieben ab. Falls man überhaupt dazu kommt, eigene Präferenzen auszubilden ...

Besonders spannend wurde der Vergleich, als ich sah, wie sich die Waldorfschüler*innen auf ihre Reifeprüfung vorbereiteten. Von Anfang an folgten sie dem Gedanken, dass die eigenen Prüfungsergebnisse nur so gut sein könnten wie das allgemeine Niveau der Klasse. Und so bemühten sich alle gemeinsam um große Lerngruppen und einen guten Austausch untereinander. Wer gut in Mathe war, erklärte allen anderen Mathe. Wer sich mit Geschichte besonders gut auskannte, erklärte den anderen Geschichte. Und so weiter. Während meiner Abiturphase jedoch fanden sich nur wenige kleine Lerngruppen zusammen, in denen am Ende auch jeder für sich selbst arbeitete. Von Teamwork war eher wenig zu erkennen. Hatten wir das einfach nicht gelernt? Unser gängiges Schulsystem fördert Ellenbogen statt Teamfähigkeit, die – wie man den Stellenanzeigen gut entnehmen kann – später im Job gebraucht wird. Zuhören, aufeinander eingehen, die Gedanken des anderen weiterspinnen, seine eigenen Interessen mit denen anderer zusammenbringen. Wie passt das mit unserer Art des Lernens zusammen, in der wir versuchen müssen, die anderen im Kampf um die besten Noten auszustechen?

Der Hauptanspruch der Schulen und Kultusministerien besteht in der Vermittlung von Wissen und der Bildung der Jüngsten unserer Gesellschaft. Nur eine aufgeklärte und gebildete Gesellschaft kann auch eine freie Gesellschaft sein. Wissensweitergabe ist dabei ein wichtiges Mittel, genauso wie die Herausbildung eigener Meinungen. Um optimal zu lernen, braucht es allerdings die richtige Lernatmosphäre. Mitverantwortlich für die Gestaltung dieser sind zuallererst die Unterrichtsräume. An meinem vom Landkreis getragenen Bildungszentrum sind das vor allem kahle, quadratische Räume mit Fensterfront, die uns zum Lernen zur Verfügung gestellt werden. Im Sommer ist es in den mit Schulpulten zugestellten Räumen viel zu heiß. Meine Klasse hat schon 35 Grad Celsius im Klassenzimmer gemessen, während wir im Winter in Mantel und Schal gelernt haben, um nicht zu frieren. Pandemiebedingtes Lüften wärmt zudem nicht gerade die kalten Hände. Im Betonblock aus den 1960er-Jahren wird, wie schon erwähnt, außerdem ausschließlich mit Tafel und Kreide unterrichtet. Über die letzten Jahre meiner Schulzeit kamen zwar Neuerungen wie Beamer, Visualisier und WLAN hinzu, doch hakt es immer wieder bei der Technik. Unterrichtsabläufe werden dadurch eher verzögert, und das Arbeiten wird gestört. Alles in allem kann hier also nicht gerade von einer idealen Lernatmosphäre die Rede sein.

Während ich an diesem Buch schrieb, hielt ich eine Umfrage in meinem Freundes- und Bekanntenkreis ab und befragte sie nach der optimalen Lernatmosphäre. Am häufigsten genannt wurde der Wunsch nach Stille und Ruhe beim Arbeiten. Das Gegenteil also von einer Klassenstärke zwischen fünfundzwanzig und dreißig Schüler*innen und groß angelegten Gruppenarbeiten. Auch die psychische Belastung, unter der viele in der Schule leiden, wurde mehrere Male als Beispiel für eine schlechte Lernatmosphäre erwähnt. Notendruck, Unmengen an Hausaufgaben, soziale Auseinandersetzungen mit Mitschüler*innen und andere Einflüsse auf die Psyche sorgten bei einigen gar für Prüfungsangst, zu viel Stress und depressive Verstimmungen. Andererseits nannten viele meiner Freund*innen motivierte und respektvolle Lehrkräfte, die gut erklären können und in möglichst flachen Hierarchien auf die Schüler*innen eingehen, als positiven Einfluss auf die Lernumgebung. Die meisten waren der Überzeugung, dass Lernen viel mit der Person zu tun hat, die Stoff und Inhalt vermittelt. Pädagogische Lernmethoden und Empathie würden vielen meiner Freund*innen helfen, besser zu lernen. Räumlich wünschten sie sich vor allem grüner gestaltete Räume, mehr Möglichkeiten, im Freien zu lernen, und ästhetisch ansprechendere Arbeitsplätze. Also etwas ganz anderes, als die vollen, kargen Klassenzimmer derzeit bieten.

Als ich nachfragte, welcher Aspekt denn wichtiger sei, die Lehrperson oder die Lernumgebung, nannten ausnahmslos alle meiner befragten Freund*innen die Lehrperson als ausschlaggebender für eine gute Lernatmosphäre. Doch machten sie genauso deutlich, dass viele Lehrer*innen diese Ansprüche nicht erfüllten. Denn die Ausbildung der Lehrer*innen bereitet sie nicht adäquat auf ihren Job als Pädagog*innen vor.

In der Schule erleben wir oft angehende Lehrer*innen im Referendariat, die nur wenige Jahre älter sind als wir selbst und ihre Ausbildung noch gar nicht ganz abgeschlossen haben. Die meisten von ihnen begegnen uns eher auf einer freundschaftlichen Ebene, statt sich als Autoritätspersonen darzustellen. In dieser Hinsicht verhalten sich Lehramtsstudent*innen deutlich anders als die Lehrergenerationen vor ihnen. Diese flachere Hierarchie motiviert uns Schüler*innen, aktiver am Unterricht teilzunehmen und zu lernen. Das Lernen macht auf diese lockerere Weise deutlich mehr Spaß als in erstarrten Machtgefügen. Trotzdem gibt es aber noch immer Referendar*innen, die sich an den verstaubten Vorbildern ihrer eigenen Schulzeit orientieren. Die meisten älteren Lehrer*innen, die bereits den Großteil ihres Lebens auf der anderen Seite des Lehrpults verbracht haben, scheinen sich aus unserer Sicht mehr als Wissenschaftler*innen denn als Pädagog*innen zu sehen. Sie brennen für ihr Fach und bringen die nötige Fachkompetenz mit, doch fehlt ihnen nicht selten die Fähigkeit, ihren Stoff verständlich genug rüberzubringen. Und noch schlimmer ist es, wenn man den Eindruck bekommt, dass sie mit Menschen an sich nichts anfangen können. Für die Schüler*innen ist es jedes Jahr ein kleines Glücksspiel, wen sie für den Unterricht zugeteilt bekommen.

Und trotzdem müssen wir fast schon dankbar sein, wenn wir überhaupt von Lehrer*innen unterrichtet werden, denn wir haben ja jetzt schon zu wenig Lehrkräfte. Im April 2022 berichtet die *Tagesschau*, dass laut Kultusministerkonferenz bis 2035 mindestens 23 800 Lehrer*innen fehlen würden.[7] Grund dafür ist auch, dass immer weniger Abiturient*innen den Lehrer*innenberuf erlernen möchten. Vermutlich ist es einfach gesellschaftlich zu wenig respektiert, seinen Lebenssinn in der Arbeit mit uns Jugendlichen zu finden. Kein Wunder bei dem Stellenwert, den wir genießen. Die Arbeit mit uns bringt nur wenig Anerkennung, wenig Prestige ein. Und die meisten Schüler*innen wissen ganz genau, wie gemein Kinder über ihre Lehrer*innen sprechen können und wie sehr Eltern dem Lehrkörper manchmal im Nacken sitzen. Außerdem ist es für viele unserer jungen Generation keine Option mehr, ihr ganzes Leben lang nur einen einzigen Beruf auszuüben und sich in beruflicher Hinsicht nicht weiterzuentwickeln. Anders als es unsere Eltern noch vorleben, wollen wir nicht bis zur Rente in ein und demselben Beruf durcharbeiten; schon gar nicht jeden Tag weiter in den gleichen kargen Klassenzimmern und maroden Schulgebäuden verbringen. Dazu reichen auch die Reize einer Verbeamtung nicht mehr aus.

Grundsätzlich muss unsere Gesellschaft ihre Haltung zu und ihren Umgang mit Bildung dringend überdenken.

Im Zeitalter des Internets, in dem man mit einem Griff in die Hosentasche in wenigen Sekunden alle Informationen abrufen kann, die man je brauchen könnte, hat Wissen einen neuen und anderen Wert bekommen. Zahlen, Daten und Fakten sind nicht mehr eine Sache von Auswendiglernen. Vielmehr sollten wir Kindern und Jugendlichen beibringen, mit diesem unbegrenzten Wissen umzugehen, sich eigene Meinungen daraus zu bilden und zu speisen. Nicht nur Schulsystem, Bildungswesen und Lehrer*innenberuf müssen neu gedacht werden, sondern unser Konzept von Wissensvermittlung im Allgemeinen.

Die amerikanische Autorin Betty Ray stellt im Oktober 2019 im *Greater Good Magazine* dafür ein Konzept unter dem Titel »How to Help Young People Transition Into Adulthood« vor.[8] Ray zeichnet zunächst ein Bild von Lehrer*innen als Mentor*innen, die Kinder vor allem dazu anleiten sollten, erwachsen zu werden. Der Fokus liege zuallererst auf menschlicher und persönlicher statt akademischer Bildung. Die Erwachsenen sollten ihre Schüler*innen in den drei universellen Phasen des Erwachsenwerdens – Vorbereitung, Schwellenüberschreitung und Reflexion – unterstützen und ihnen mit Rat zur Seite stehen. In der ersten Phase lernten die Jugendlichen ihre eigenen Stärken, Interessen, Vorlieben und Neigungen erst einmal kennen, die sie befähigen, sinnstiftend zu arbeiten. Genauso finde ich, dass diese erste Phase immens wichtig ist, um die eigenen Werte festzulegen, nach denen man denken und handeln möchte. Ebenso ist es unabdingbar zu sehen, dass es nicht den einen universellen Lerntyp gibt, sondern jeder auf seine individuelle Weise am besten lernen und arbeiten kann. Erst wer seinen Lernstil kennt, der kann auch seine Kreativität und Neugier ausleben und anfangen, sich auf gewisse Risiken einzulassen.

Diese Erkenntnisse sind laut Ray wegweisend für die zweite Phase der Schwellenüberschreitung, in der junge Menschen üben, Herausforderungen zu meistern und aus Fehlern zu lernen. Ziel ist die Entwicklung von Selbstbewusstsein und Moralverständnis. Die dritte und letzte Phase der Reflexion soll zum Austausch mit Mentor oder Mentorin dienen und dazu, sich das neu erlangte Wissen über die eigene Person bewusst zu machen und zu reflektieren. Rays Konzept sieht Lehrer*innen nicht nur als Wissensübermittler*innen, sondern ebenso als Begleiter*innen der Kinder und Jugendlichen hin zum Erwachsenwerden. Dafür ist es notwendig, dass die Lehrer*innen ein echtes Interesse an der Entwicklung ihrer Schüler*innen haben sowie natürlich die Zeit, um diese pädagogischen Belange in den Schulalltag einzubinden. Beides findet sich im aktuellen Bildungswesen jedoch kaum wieder. Und auch die vor allem in Phase eins erlangten Kompetenzen sind Qualitäten, die in unserem System nicht anerkannt werden und deutlich zu kurz kommen. Wer einen unkonventionellen Lernstil hat, ist im deutschen Schulsystem oft verloren. Risikobereitschaft, Neugier und Kreativität müssen irgendwie mühsam und eigenmächtig neben dem Unterrichtsstoff erlernt werden.

Die Schule als Lebensmittelpunkt von Kindern und Jugendlichen wird unseren Ansprüchen an Bildung ganzheitlich überhaupt nicht gerecht. Wir verbringen bis zu dreizehn Jahre in einem System, das uns einfach nur aussitzt, statt uns ernsthaft auf das Leben vorzubereiten. Es kann nicht sein, dass wir einen so großen Teil unseres jungen Lebens mit veralteten Inhalten und starren Bildungsplänen verbringen müssen und gleichzeitig unzählige Kompetenzen nicht erlernen, die wir für wichtig erachten. Gleichzeitig werden wir mit einem Leistungs- und Notendruck konfrontiert, der uns zwar auf die Prüfungen vorbereiten soll, für die es bundesweit aber keinen einheitlichen Standard gibt. Bildung sollte nicht ausschließlich Sache von Ministerien und Regierungen sein, sondern es müssen unbedingt auch junge Menschen und Pädagog*innen mit in die Gestaltung einbezogen werden. Unser Schulsystem und unser Lehrplan müssen von Grund auf neu gedacht und überarbeitet werden, damit sie aktuell und so nah wie möglich am tatsächlichen Leben sind. Es darf nicht sein, dass unsere Welt sich immer schneller weiterentwickelt, während unsere Schulen für Jahrzehnte mehr oder weniger auf dem gleichen Stand verbleiben. Wir wollen nicht länger von der Schule ausgesessen werden, sondern richtig lernen.

KAPITEL 5

WIE WIR MIT UNSERER BERUFS-AUSBILDUNG IM STICH GELASSEN WERDEN

Während viele meiner Gleichaltrigen ganz genau wissen, was sie nicht mit ihrem Leben anfangen wollen, wissen die wenigsten bei ihrem Schulabschluss oder direkt danach, wie sie sich beruflich orientieren möchten. Dabei teilen wir fast alle das Gefühl, nicht vorbereitet zu sein auf das, was nach der Schule kommt. Mit Orientierungslosigkeit und Zukunftsangst im Gepäck verlassen viele von uns die Pforte der Schule und kämpfen erst mal darum, den Boden unter den Füßen zu behalten. Der Gedanke, von zu Hause auszuziehen, alles Bekannte hinter sich zu lassen und zum ersten Mal auf eigenen Beinen stehen zu müssen, hinterlässt schon ein mulmiges Gefühl im Bauch. Was, wenn man sich für ein Studium, eine Ausbildung oder ein Reiseziel entscheidet und es dann doch nicht so ist, wie man es sich vorgestellt hat? Was, wenn man zu seinen Freund*innen und Bekannten den Kontakt verliert und plötzlich kein soziales Umfeld mehr hat? Es ist eine Mischung aus Abenteuerlust und der Angst vor dem Unbekannten, mit der man ins Leben startet.

Ich weiß zwar bereits seit Jahren, dass ich studieren möchte, ein Bachelorstudium in Leipzig und den Master am liebsten im Ausland oder in der Nähe meines Elternhauses, doch kann ich mir bisher nicht vorstellen, was damit eigentlich auf mich zukommt.

Meine Studienfachwahl habe ich ausschließlich anhand von Recherchen im Internet getroffen. Die meisten Universitäten bieten online Studienverlaufspläne an, und eine Seite mit Uni-Rankings brachte mich letztendlich zur Uni Leipzig.

Über die zwei Jahre Kursstufe, in denen planmäßig eigentlich die Studienorientierung stattfinden sollte, befand sich meine Schule, wie alle anderen Schulen und die Universitäten auch, mitten im Pandemiegeschehen. Studienorientierungstage, bei denen alle Schüler*innen des Jahrgangs gemeinschaftlich an die Unis und Hochschulen im Umkreis fahren, konnten nicht stattfinden. Auch wenn viele Universitäten virtuelle Orientierungsangebote haben, nutzten nicht alle Schulen diese Möglichkeit für ihre Schüler*innen. Und auch die virtuelle Studienorientierung bestand in meinem Fall aus einer einzigen Online-Vorlesung in einem Fach, für das ich mich nur bedingt interessierte. Kurz gesagt: Diese Art der vermeintlichen Studienorientierung verschaffte mir keinerlei Klarheit darüber, was ich beruflich machen möchte oder eben nicht.

Die Pandemie hat dabei letztlich nur zum Vorschein gebracht, was auch vorher schon institutionell vernachlässigt wurde, wenn junge Menschen sich über ihren weiteren Ausbildungsweg informieren wollen: Die Schulen und Hochschulen sind viel zu wenig vernetzt. Ein Austausch mit Professor*innen, Fragerunden und Probevorlesungen sind Angebote, die Schulen zur Zukunftsorientierung durchaus bereitstellen sollten. Denn es ist quasi unmöglich, alle Informationen im Internet zu finden, die wir zur Orientierung eigentlich bräuchten.

Auch Informationen über Alternativen zum Hochschulstudium findet man ohne Unterstützung nur über Umwege. Handwerkliche Ausbildungen zum Beispiel werden am Gymnasium kaum beworben, die Schüler*innen werden ja mit ihrem Abitur praktisch ausschließlich auf die Hochschule vorbereitet. Dabei fehlten, wie Statista zeigt,[9] schon 2020 in etlichen Ausbildungsberufen fast die Hälfte der gesuchten Azubis. Die wenigsten dieser Ausbildungen werden Gymnasiast*innen in der Berufsorientierung überhaupt vorgeschlagen. An Berufs- und Realschulen werden währenddessen Ausbildungen etwas aktiver beworben, das Abitur ist hier ja nicht der angestrebte Schulabschluss, doch wird dort das Angebot seltener genutzt, wie mir eine Freundin erzählt hat, die beide Schulformen besuchte. Gerade am Ende der Realschule hielten sich viele für »zu cool«, um sich um eine Beratung für ihre Zukunft zu kümmern. Stattdessen suchten sie frustriert nach Jobs oder fingen die erstbeste Ausbildung an, die ihnen in den Sinn kam.

Was es braucht, ist eine differenzierte Struktur für die benötigten Informationen, zentralisierte Datenbanken, die schnell und unverbindlich über das Internet abgerufen werden können, oder verpflichtende Beratungsgespräche in der Schule. Selbst wer denkt, bereits klar zu wissen, was er machen möchte, kann so sichergehen, auch den richtigen Weg einzuschlagen. Momentan gelangen wir nur durch die Initiative einzelner Lehrer*innen oder Eltern an die gewünschten Informationen, falls diese sich verantwortlich fühlen, oder eben nicht. Falls sie selbst gut vernetzt sind oder eben nicht. Schüler*innen, die hier auf sich allein gestellt sind, ziehen den Kürzeren. Was aber passiert mit Kindern und Jugendlichen, die weder zu Lehrer*innen noch Eltern ein gutes Verhältnis haben oder gar unter der Obhut des Staates leben? Eine Freundin meiner jüngeren Schwester lebte, bis sie siebzehn war, in einer betreuten Wohngruppe und musste lange dafür kämpfen, statt eines Gymnasiums eine spezielle Kunstschule besuchen zu dürfen. Sie hatte neben ihrem Freundeskreis kaum jemanden, der sich für sie und ihre Träume einsetzte.

Viele Jugendliche würden ihre Ausbildung auch gerne im Ausland absolvieren. Unsere großen gesellschaftlichen Herausforderungen, der Klimawandel, die internationale Sicherheit und Armut, können wir nur als globale Staatengemeinschaft mit Spezialist*innen aus jedem Land gemeinsam lösen. Doch gibt es in den Schulen meist keinerlei Informationen über Ausbildungs- oder Studiengänge im Ausland. Die von der Agentur für Arbeit bereitgestellte Studienorientierung hilft lediglich bei der Orientierung hin zu passenden Ausbildungs- oder Studienrichtungen. Das Lehrpersonal an unseren Schulen weiß in der Regel allerdings nicht, was die Anforderungen für ein Studium im Ausland sind. Ein Überblick darüber fehlt komplett. Ich weiß, dass es Austauschprogramme an Universitäten wie Erasmus gibt, aber eine »University Fair«, wie es sie etwa an internationalen Schulen gibt, ist an staatlichen Oberschulen gerade nicht mehr als Wunschdenken. Dabei ist eine Art Messe, auf der sich die Universitäten aus aller Welt vorstellen, genau das, was viele Schüler*innen für ihren erhofften Horizont bräuchten.

Wenn die Entscheidung zur Ausbildung oder die Studienwahl dann doch getroffen wurde, kommen neue, andere Sorgen auf die jungen Menschen zu. Der Auszug von zu Hause, die Immatrikulation, neue Freundeskreise und das erste Mal auf eigenen Beinen stehen, können ganz schön viel Angst machen. Neben Uni oder Hochschule müssen die meisten außerdem ihren ersten eigenen Lebensunterhalt verdienen. Dabei kommen sie mit einem Arbeitsmarkt in Berührung, der dank Digitalisierung neuen, vorher nie da gewesenen Regeln unterliegt. Der Senior Vice President Professional Social Network Products (ja, das ist eine Berufsbezeichnung!) von

Deutschlands größter Jobbörse Xing, Cord Grünewald, berichtete 2018 in einem Interview mit dem *FOCUS-Magazin* vom Wandel des Arbeitsmarkts.[10] Immer neue Jobs entstehen, während alte wegfallen. Entsprechend dynamisch sind die Stellenangebote. Ständig werden andere Berufsgruppen dringend gesucht und der Stellenmarkt umgeschichtet. Genauso verhält es sich laut Grünewald mit den Lebensläufen der Bewerber*innen selbst. Denn die Jobbranche fordere nicht mehr ausschließlich Qualifikationen wie Fachwissen oder Studium, sondern vielmehr die Bereitschaft dazu, Neues zu erlernen. Dadurch werde es eher die Ausnahme, dass man ein Leben lang mit der gleichen Stelle im gleichen Beruf bleibt. Stattdessen wechsle man dynamisch die Jobs. Zu dieser Dynamik gehöre auch das Scheitern. Denn aus Fehlern lernt man bekanntlich, und nur, wer sich auch mal in einer Sackgasse wiederfindet, kann umdrehen und einen anderen Weg einschlagen. Die wenigsten jungen Menschen nehmen diesen Umstand wahr, wenn sie zum ersten Mal anfangen, Lohnarbeit zu verrichten, denn das Arbeitsverhalten, das sie aus der Schule kennen, duldet kein Scheitern. Wir wissen einfach noch nicht, wie wir damit umgehen sollen. Und auch die Struktur des Arbeitsmarktes in Netzwerken, dass man also Beziehungen und Kontakte braucht, um vermittelt zu werden, kennen nur die wenigsten Jugendlichen. Woher auch?

In der Schule lernen wir kaum etwas über die Welt und das Leben nach dem Abitur oder einem anderen Schulabschluss.

Eine weitere Sorge, die viele während des Studiums ereilt, entsteht durch die Praxis der Hochschulen, ihre Studiengänge zu dezimieren, um nur die Besten der Besten unter ihren Absolvent*innen zu haben. Gleichzeitig wird allerdings nur ein bestimmter Rahmen geprüft, bei dem auch nicht darauf geachtet wird, wie gut und motiviert die Leute eigentlich sind. Ich fürchte, dass dadurch Menschen verloren gehen, die eigentlich ideal wären und später den Beruf sehr gut ausüben würden. Und auch die Studierenden selbst haben spätestens seit der Pandemie diese Angst. Matthias Kreienbrink schrieb 2021 in der *Süddeutschen Zeitung* unter anderem über die neuen Herausforderungen und Probleme von Student*innen durch Corona und stellte fest, dass die größten Schwierigkeiten für sie in Hinsicht auf ihre Konzentrationsfähigkeit, die Strukturierung des Alltags durch Routinen und Ideen für Perspektiven nach dem abgeschlossenen Studium bestünden.[11] Es gebe zwar auch Lehrende, die überzeugend und effizient neue digitale Formate nutzten, doch genauso gebe es Seminare, in denen überzogene Ansprüche an die studentische Leistung gestellt würden. Dabei entstand vielerorts der Eindruck, dass die fehlende Präsenzlehre durch überhöhte Leistungsprüfung wettgemacht werden solle. In der Schule entstand für mich eher ein gegenteiliger Eindruck. Viele Klausuren und Leistungsabfragen, vor allem in den Nebenfächern, wurden nicht durchgeführt, um uns nicht noch mehr zu stressen. Dankend wurde diese Entscheidung des Kultusministeriums von uns Schüler*innen entgegengenommen. Die Erwachsenen zeigten an dieser Stelle zumindest etwas Verständnis für unsere Situation.

Das Schicksal der Student*innen, wie Kreienbrink es schildert, ist trotzdem an vielen Stellen vergleichbar mit dem der Schüler*innen während der Pandemie. Was anders ist, ist die Art und Anzahl der Berichterstattung darüber und auch die damit einhergehende öffentliche Wahrnehmung. Während das Leid der Jugendlichen wenigstens ab und an in den Medien beleuchtet wurde, gibt es kaum Erfahrungsberichte aus studentischer Perspektive. Natürlich hat uns die Pandemie alle gleichermaßen getroffen. Alle mussten Lockdown, Maskenpflicht, manche zusätzlich Kurzarbeit über sich ergehen lassen. Doch hatten Studierende es meiner Meinung nach besonders schwer. Ihnen fehlte es, ähnlich wie Schüler*innen, an Präsenzunterricht und Kontakt zu Kommiliton*innen. Selbst die Bibliotheken waren als Lernorte nicht zugänglich. Doch während Familien ihre neu gewonnene Zeit zusammen verbringen konnten und auch einen gemeinsamen Lebensunterhalt hatten, lebten Studierende außerhalb ihres Elternhauses und hatten oft zusätzlich Probleme, alleine finanziell über die Runden zu kommen. Laut Deutschem Studentenwerk sind mehr als zwei Drittel aller Student*innen neben dem Studium erwerbstätig,[12] vor allem in Branchen wie der Gastronomie und Dienstleistungsberufen, wo während des Lockdowns viele Gehälter gekürzt oder ganz gestrichen wurden. Zwar gab es eine Überbrückungshilfe, die an die Unternehmen ausgezahlt werden sollte, doch die kam nicht in allen Fällen an, wie die *Tagesschau* 2020 berichtete.[13]

Durch fehlende finanzielle Unterstützung durch den Staat während der Pandemie wird nur ein weiteres Problem verschärft, mit dem Student*innen schon vor der Pandemie zu kämpfen hatten: Armut. Paul Munzinger schrieb im Mai 2022 in der *Süddeutschen Zeitung* über eine Studie des Paritätischen Gesamtverbands, die die Armutsquote unter Studierenden im Jahr 2019 aufzeigt.[14] Demnach lebten 2019 30 Prozent der Student*innen unter dem von Bundesregierung und Deutschem Institut von Wirtschaftsforschung definierten Schwellenwert für Armutsrisiko, sprich, sie müssen mit weniger als 60 Prozent des mittleren Einkommens der Gesamtbevölkerung ihren Lebensunterhalt bestreiten. Konkret gesagt sind das weniger als 1266 Euro im Monat. Im April 2022 hatte die Bundesregierung zwar wichtige BAföG-Reformen beschlossen, die im Juni desselben Jahres auch vom Bundestag verabschiedet wurden, doch sollen diese lediglich für eine Vergrößerung des Empfängerkreises der finanziellen Unterstützung sorgen. Die elterlichen Freibeträge sowie das zulässige Höchstalter für die Beantragung sollen steigen. Allerdings wachsen die Bedarfssätze, ebenfalls von Munzinger aufgeschlüsselt, gerade mal um fünf Prozent. Besonders wenn die Inflation immer weiter steigt, im Mai 2022 lag sie laut Statista bei knapp acht Prozent, und die Bedarfssätze nicht entsprechend angehoben werden, könnte sich die ohnehin schon prekäre finanzielle Lage vieler Student*innen noch mehr verschlechtern. Das betrifft all jene, die keine wohlhabenden Eltern haben.

Mit reichen Eltern lässt sich wenig Geld während des Studiums viel leichter abfedern, weil man auch mal zum Urlaub eingeladen oder bei größeren Anschaffungen unterstützt wird. Auch Miete und Lebensunterhalt werden oft von zu Hause mitfinanziert. Das ist für Kinder aus ärmeren Familien nicht drin, sie müssen meistens mehr dazuverdienen.

Aber auch Leute aus meiner Generation, die nicht studieren oder zur Schule gehen, haben Schwierigkeiten, ihre Zukunft selbstbewusst in die Hand zu nehmen. Die Pandemie hat Ausbildungen, Lehren, Auslandsaufenthalte, Praktika und Berufseinstiege beinahe unmöglich gemacht. Durch Kontakt- und Reisebeschränkungen strandeten viele junge Menschen planlos zu Hause oder bei stupiden Beschäftigungen – Arbeit am Fließband oder als Paketzusteller*in etwa –, die eben gerade möglich waren. Nicht immer waren die Pläne durchführbar, die sie sich für die Zeit nach dem Abschluss zurechtgelegt hatten. Eine meiner ältesten Kindheitsfreundinnen zum Beispiel hat 2021 Abitur an einem Fachgymnasium gemacht. Eigentlich hatte sie vorgehabt, nach der Schule ihren Ruf in der Poetry-Slam-Szene unserer Region zu festigen und dann Theater zu studieren. Durch die Pandemie wurden allerdings jegliche Kulturveranstaltungen abgesagt und der normale Studienbetrieb eingeschränkt, was für ein Theaterstudium besonders ärgerlich ist. Sie war also gezwungen, ihre Pläne und Wünsche vorerst über den Haufen zu werfen, und entschied sich dazu, weiter bei ihren Eltern zu wohnen. Wochenlang saß sie dann einfach nur in ihrem Zimmer und traf sich online mit ihren Freund*innen, statt auf Bühnen zu stehen und das zu machen, wovon sie so lange geträumt hatte. Mir tat es sehr leid, wenn sie davon sprach, wie gerne sie wieder mit mir zu einem Poetry-Slam fahren würde, wie sehr sie die Bühne vermisse. Ich merkte, wie das Zu-Hause-Rumsitzen an ihr zehrte. Sie war früher immer fröhlich und aufgeschlossen gewesen. Wir hatten gerne und viel miteinander unternommen, uns stundenlang unterhalten. Plötzlich lagen wir oft nur Stunden nebeneinander im Bett und erzählten uns, was gerade in unseren Leben schiefging, wenn wir uns denn überhaupt mal in echt sehen konnten.

Was der Pandemie geschuldet häufig noch mehr auf der Strecke blieb als sonst, war der Kontakt zu anderen Menschen. Ein großer Teil unseres sozialen Lebens findet mittlerweile im digitalen Raum statt. Die Möglichkeiten in der realen Welt sind einfach nicht attraktiv genug (wie bereits im Kapitel »Wie wir räumlich verdrängt werden« dargestellt wurde). Doch braucht es, um soziale Fähigkeiten zu erlernen, die fürs spätere Berufsleben wichtg sind, genau diese zwischenmenschlichen Kontakte. Da wir als jüngstes Glied in der Kette der Gesellschaft nicht mitgedacht werden, fehlt uns jetzt das, was alle anderen vor uns lernen durften.

Obwohl meine Schwester und mich nur zwei Jahre trennen, merke ich jetzt, da es wieder leichter möglich ist, neue Leute kennenzulernen, dass es mir deutlich leichter fällt als ihr, fremde Menschen anzusprechen. Dabei sind es nicht nur die zwei Jahre, die ich älter bin, die es mir einfacher machen, auf andere zuzugehen, sondern vor allem die zwei Jahre, die ich vor der Pandemie länger Zeit hatte zu lernen, wie man Kontakte knüpft. Als Kinder waren wir beide sehr schüchtern und Fremden gegenüber verschlossen. Jetzt, da wir beide fast erwachsen sind, haben wir zwar etwas von unserer Schüchternheit beibehalten, doch bin ich meist diejenige, die ihre Schwester anderen Menschen vorstellt. Sie ist dann zu Beginn häufig sehr still und nimmt nur vorsichtig an Gesprächen teil, doch festigt sie ihre Freundschaften andererseits viel stärker als ich. Wir beide haben nach den Lockdowns einen Teil unserer kindlichen Schüchternheit wiedergefunden, finden es schwierig, neue Freundschaften zu knüpfen, und sind dann heilfroh, wenn wir einmal neue Freund*innen gefunden haben. Ironischerweise erzählen diese dann genau dasselbe, dass sie überrascht sind, dass sie sich getraut haben, überhaupt mit uns in Kontakt zu treten. Für unsere Generation ist es deutlich schwerer geworden, sich zu sozialisieren. Ob wir diese fehlende Sozialisation jemals aufholen können?

Insgesamt brauchen wir jungen Menschen mehr und bessere Angebote für Berufs- und Studienorientierung. Wir müssen besser auf das Leben nach der Schule und auf die Welt der Erwachsenen vorbereitet werden. Die Einzigen, die uns zeigen können, wie wir als Erwachsene klarkommen, sind die Erwachsenen selbst. Wir brauchen ihre Hilfe, um den Weg in Arbeit und Beruf zu finden.

KAPITEL 6

WIE UNSERE GESUNDHEIT GEFÄHRDET WIRD

Meine Generation wird für ihr Leben gezeichnet sein. Schon vor der Pandemie, bevor diese ungekannte Einsamkeit aufkam, hatten viele junge Erwachsene und Jugendliche mit psychischen Krankheiten, in meinem persönlichen Umfeld etwa mit Depressionen, Ess- und Angststörungen, zu kämpfen. Seit jeher werden mentale Probleme allerdings von unserer Gesellschaft stigmatisiert und totgeschwiegen. Erst in den letzten Jahren wird dieses Schweigen allmählich gebrochen, auch weil wir, die jüngere Generation, offen über Probleme sprechen wollen. Doch die Pandemie hat dafür gesorgt, dass noch mehr Kinder und Jugendliche unter psychischen Krankheiten und Störungen leiden. In den zwei Jahren der Pandemie wurde einfach in Kauf genommen, dass wir, jeglicher Struktur beraubt, alleine zu Hause sitzen mussten. Die Schulen waren über Monate geschlossen, und es dauerte oft Wochen, ehe die Lehrer*innen es schafften, uns mit Aufgaben oder Online-Unterricht zu versorgen. In dieser Zeit führten Langeweile, Einsamkeit und das Gefühl, nicht zu wissen, wie es weitergeht, zu jeder Menge psychischer Erkrankungen: Depressionen, Suizidgefahr, soziale Phobien, Gamingsucht ... Und das sind längst noch nicht alle Krankheitsbilder, die in dieser Zeit stark zugenommen haben.

Wenn die Angst vor Hilfe größer ist
als die Angst selbst

So hat eine Bekannte mir von einem fünfzehnjähri-
gen Jugendlichen erzählt, der während des Lockdowns eine Angststörung entwickelt hat, die es ihm
bis heute beinahe unmöglich macht, sich in Gemein-
schaften zu integrieren. Er hat Angst davor, sich an-
zustecken, wenn andere rauchen oder Alkohol trin-
ken, und vermeidet daher jegliche Kontakte, bei
denen solche Dinge passieren könnten. Selbst wenn
er nicht mitmacht, hat er Angst, dass ihm etwas dabei passiert. So werden Pubertät und ihre eigentlich
ganz normalen Grenzüberschreitungen für ihn zu
einer Krankheit, die schlimme Auswirkungen haben
wird. Da er seine Angst offen kommuniziert, hat er
allerdings auch erfahren, dass die meisten seiner
Kamerad*innen selbst mit psychischen Problemen
zu kämpfen haben. Mit Depression, Ängsten, Schi-
zophrenie, die das Leben deutlich einschränken.
Es gibt aber auch genug junge Menschen, die ihre
Krankheit kaum mit anderen teilen wollen, vor allem nicht mit Erwachsenen. Eine meiner Freundinnen hat ihrem engsten Freundeskreis zwar erzählt,
dass sie an Depressionen und Ängsten leidet, die sie
ernsthaft daran hindern, bestimmte Dinge zu unternehmen oder von ihr geforderte Leistungen zu erbringen, doch möchte sie um jeden Preis verhindern,

dass ihre Eltern davon erfahren. Sie sagt, sie sei sich sicher, dass ihre Eltern es nicht verstehen würden, wenn sie eine Therapie machen möchte, dass sie den Hilferuf als Undankbarkeit auffassen würden. Immer wieder meint sie, dass sie sich Hilfe suchen wird, wenn sie von zu Hause ausgezogen ist, wenn sie es ihnen nicht mehr erzählen muss. Sie lebt lieber mit ihren Feinden im eigenen Kopf, statt ihre Familie damit zu konfrontieren.

Alexander Eydlin schreibt im Februar 2022 in der *ZEIT* über die Copsy-Studie der Universitätsklinik Hamburg-Eppendorf (UKE), bei der die Auswirkungen der Coronapandemie auf die psychische Gesundheit von Kindern und Jugendlichen untersucht wurden.[15] Die Studie zeigt, dass es Kindern im Vergleich zur Anfangsphase der Pandemie wieder besser geht, doch gemessen an den Verhältnissen vor der Pandemie deutlich schlechter. So zeigten im Herbst 2021 29 Prozent der befragten Kinder und Jugendlichen psychische Auffälligkeiten, während vor der Pandemie nur 19 Prozent betroffen gewesen waren. Klar ist, dass beide Zahlen viel zu hoch sind. Was aber fehlt, ist eine funktionierende Behandlungsinfrastruktur, wie Eydlin in seinem Artikel schreibt. Dabei nimmt er Bezug auf einen Bericht des Berufsverbands BVKJ, in dem es um überlastete Psychiatrien und die Priorisierungen nach Lebensbedrohlichkeit der psychischen Belastung geht. Auch von Triagen wird hier gesprochen. Dabei sind die Ursachen vielfältig und nicht ganz einwandfrei durch Studien festzulegen. Bundesgesundheitsminister Karl Lauterbach leugnete in der ARD-Sendung *Hart aber fair* im Januar 2022 allerdings, dass pandemiebedingte Einschränkungen dafür verantwortlich seien, und schob die Verantwortung lediglich auf die Pandemie im Allgemeinen.[16] Wo genau soll da überhaupt der Unterschied liegen? Anstatt spätestens mit dem Erkennen der vehementen Probleme eine bessere Infrastruktur und Angebote dafür zu schaffen, um die verstärkt auftretenden psychischen Probleme von Kindern und Jugendlichen zu lösen, wird lieber darum gestritten, wer oder was eigentlich schuld an ihnen ist. Anstatt in den Schulen Ansprechpersonen für alle zu etablieren, mehr Plätze für Psychotherapien zu schaffen oder Jugendräume aufzuschließen, müssen wir oft alleine mit unseren Problemen klarkommen. Später, wenn wir alle erwachsen sind, wird diese Phase der Vernachlässigung nicht nur auf uns selbst zurückwirken, sondern auch darauf, wie wir miteinander umgehen.

Einfach abgemeldet

Und das betrifft nicht nur Kinder und Jugendliche, die sowieso schon immer Probleme hatten. Bis zum Jahr vor dem Abitur hatte ich in meiner Stufe ein Mädchen, das von einem Tag auf den anderen plötzlich nicht mehr in die Schule kam. Niemand, auch nicht ihre engsten Freund*innen, wussten, was mit ihr war. Jeglicher Kontaktversuch zu ihr blieb unbeantwortet. Kurz nach unseren Abiturprüfungen traf ich sie zufällig auf einem Dorffest, und wir kamen ins Gespräch. Ich fragte, wie es ihr ginge und was damals mit ihr passiert sei. Fast als wäre es eine beiläufige Information, erzählte sie mir, dass sie einen Suizidversuch unternommen und nur knapp überlebt hatte. Seit einem Jahr sei sie nun in psychologischer Behandlung und würde gerade eine Therapie in einer speziellen Klinik machen. Ich hatte sie gerade auf Besuch bei ihren Eltern getroffen. Sie wisse nicht, wie es für sie in Zukunft schulisch und beruflich weitergehe. Jetzt gerade müsse sie einfach nur gesund werden. Zum Abschied nahmen wir uns beide lange und fest in den Arm, und ich sagte ihr, wie froh ich war, sie auf dem Fest getroffen zu haben. Ich war unfassbar erleichtert, ihr diese Worte noch sagen zu dürfen. Ein paar Wochen vorher hatte unser Abiball stattgefunden, auf dem sie auch ihr Zeugnis hätte bekommen sollen, auf dem sie mit uns anderen hätte tanzen und feiern sollen. An diesem Tag hatte stattdessen niemand an sie gedacht, so als wäre sie nie an unserer Schule gewesen. Ich hatte schreckliche Schuldgefühle, als sie mir ihre Geschichte so zwischen den Festzelten und leeren Bierflaschen erzählte. Wer sorgt sich um diese Kinder und Jugendlichen? Die Schule jedenfalls nicht.

Eine Rücksichtnahme auf die mentale Gesundheit und ein Verständnis für psychische Probleme können erst in der Öffentlichkeit etabliert werden, wenn in der öffentlichen Debatte angekommen ist, dass es einem nicht immer gut gehen muss und kann. Wenn bei allen Menschen irgendwann einmal angekommen ist, dass jeder mit seinen eigenen Problemen zu kämpfen hat, dann kann das die Chance für ein ganz anderes Miteinander sein als jetzt. Wenn etwa Unternehmen auf die psychische Gesundheit ihrer Mitarbeiter*innen achten und Krankheitstage auch aus mentalen Gründen genauso angenommen werden wie solche aus physischen oder in Schulen schon früh über die Existenz und Therapiemöglichkeiten von psychischen Krankheiten aufgeklärt wird. All das würde es einfacher machen, eine Infrastruktur zu schaffen, um denen zu helfen, die Hilfe brauchen. Wegen der großen Zahl an Betroffenen ist es momentan enorm schwer, psychologische Beratung zu bekommen, geschweige denn einen Therapieplatz. Laut eines Artikels von Marcel Burkhardt, den ZDF heute im März 2022 veröffentlichte, beträgt die aktuelle Wartezeit für einen Therapieplatz 25 Wochen, knapp ein halbes Jahr also.[17] Das ist doppelt so lange wie vor der Pandemie. Der Bedarf ist bei gleichem Angebot aber deutlich gestiegen und das System an seinen Grenzen. Wenn vor der Pandemie die durchschnittliche Wartezeit für einen Therapieplatz allerdings schon bei drei Monaten lag, hat dann nicht schon viel länger ein funktionierendes System gefehlt, das unsere Gesellschaft und ihre Gesundheit unterstützt?

Wir Kinder und Jugendlichen sind auch misstrauischer geworden. Dank der Pandemie schützen wir uns mehr vor Infekten, haben Angst, ernsthaft krank zu werden.

Uns ist klar, dass das Coronavirus nur das erste seiner Art war, das die ganze Weltbevölkerung treffen und beeinflussen wird. Meine jüngere Schwester und ich haben während der Pandemie tagsüber unter Menschen immer eine FFP2-Maske getragen. Wir wollten unsere Familie und uns selbst um jeden Preis vor Corona schützen. In der Schule ging es vielen anderen ähnlich wie uns. Zum Teil haben wir die Masken also acht oder neun Stunden lang ohne Pause getragen. In Momenten, in denen ich die Maske im Unterricht gern abgelegt hätte, habe ich die Zähne zusammengebissen und daran gedacht, dass ich in zwei Stunden nach Hause gehen kann. Über Monate hinweg haben wir im Bus zur Schule, im Unterricht und auf dem Nachhauseweg Maske getragen und uns pausenlos die Hände gewaschen und desinfiziert. Wir waren bereit, dieses Opfer zu bringen, um uns und unser Umfeld vor Krankheit und Infekt zu schützen.

Wenn man zwischen vierzehn und achtzehn Jahre alt ist, meinen viele Eltern, für einen entscheiden zu dürfen, obwohl man eigentlich bereits ab vierzehn über seine eigene medizinische Behandlung entscheiden darf. Auch in meiner Familie wollte meine Mutter zunächst nicht, dass meine Schwester sich mit fünfzehn gegen Corona impfen lässt. Die Begründung dafür war die Neuheit und vermeintliche Unerforschtheit des Impfstoffs. Sie selbst wollte allerdings so schnell wie möglich einen Impftermin haben, weil die Angst vor dem Virus das Misstrauen überwog. Erst nach langer Diskussion und Verdeutlichung der Rechtslage gab meine Mutter nach. Als meine Eltern es dann endlich erlaubten, gestaltete es sich allerdings deutlich schwerer als erwartet, überhaupt einen Impftermin für uns Kinder zu bekommen. Wir hatten noch keine offizielle Impfempfehlung erhalten, sondern lediglich eine Berechtigung zur Impfung durch das hohe Risiko unseres Vaters bekommen.

Rein demografisch scheint es ja logisch, uns hintenanzustellen. Die älteren Menschen überwiegen zahlenmäßig. Aber moralisch finde ich es nicht richtig. Woher nehmen die älteren Generationen das Recht, sich selbst in dieser Frage wieder nach vorne zu stellen?

Wer garantiert uns jungen Menschen, dass die Gesellschaft uns wirklich schützt, sich um unser Wohl sorgt und alles dafür tut, unser Fortleben zu sichern?

Ein Ende der Ungerechtigkeit im Gesundheitssystem ist übrigens nicht abzusehen. Denn in den Krankenhäusern sind während der Coronapandemie viele Stellen für Ärzt*innen und Pflegekräfte unbesetzt geblieben. Vor allem waren davon Fachkräfte für Kinder betroffen, wie Ruth Petscharnig im November 2021 für den Bayrischen Rundfunk schreibt.[18] Schon vor der Pandemie mangelte es an Personal auf Kinderintensivstationen. So berichtet auch Stefanie Heiß für den Bayrischen Rundfunk im Dezember 2021 von Fachkräftemangel bei Kinderärzt*innen und Pflegekräften.[19] Besonders dafür verantwortlich macht die Journalistin dabei die Taktik der Landesregierung, das Ausbildungsangebot für Kinderkrankenpflege verkleinert zu haben und die Aufgaben von Kinderärzt*innen vermehrt an Allgemeinmediziner*innen ausgelagert zu haben. Laut Heiß fehlen Ende 2021 in deutschen Krankenhäusern insgesamt 3000 Kinderpflegekräfte. Während der Pandemie ist diese Knappheit nur noch größer geworden. Denn überall im Gesundheitssektor mangelt es an Fachkräften. Nicht nur Kinderstationen sind überlastet. Für den Mangel an Personal auf Kinderstationen machen Mediziner*innen, wie Heiß berichtet, allerdings klar die Politik verantwortlich. Ihr scheint egal zu sein, dass man als minderjährige*r Notfallpatient*in, im schlimmsten Fall schon direkt nach der Geburt, in großen Städten nicht mehr aufgenommen werden kann, sondern in eine ferngelegene Klinik im Umland verwiesen wird. Und auf dem Land besteht das Risiko, selbst im Umland gar keinen geeigneten Arzt oder Ärztin zu finden.

Auch bei den Themen Ernährung und Gesundheit fehlt es vielen in unserer Generation an Bewusstsein. Für unsere Generation ist Essen oft eine Trendsache. Fast Food ist ein großes Thema, Verzicht und Diät ein anderes. Die Welt des Fetts und Zuckers zieht fast schon magisch an. Dem Gaumen schmeckt die ungesunde Mischung meistens besser als der Gedanke an aufwendig gekochte gesündere Gerichte. Auf der anderen Seite kann gesunde Ernährung auch zur Obsession werden. Wer einmal anfängt, Kalorien zu zählen und Nährwertangaben zu lesen, kann nur schwer wieder damit aufhören. Intervallfasten, Verzicht auf Kohlenhydrate, Saftkuren, all das haben Menschen in meinem Bekanntenkreis schon ausprobiert. Ob man dadurch wirklich gesünder lebt, konnte danach keiner so einwandfrei sagen. Was allerdings einwandfrei gefördert wurde, war der Trend zum Verzicht. Die beiden Extreme treffen in unserer Generation so sehr aufeinander wie in keiner vor uns. Aber was tatsächlich für uns gut und gesund ist, dafür haben wir kein Gefühl. Ob man mit veganer Ernährung eher weniger Emissionen verursacht oder aus Versehen einen Nährstoffmangel produziert, mit Süßigkeiten eher ein spontanes Verlangen befriedigt oder längerfristig zu viel zunimmt – wir wissen oft zu wenig über Ernährung, um einwandfrei einordnen zu können, was dem Körper und Wohlbefinden guttut und was nicht. Auch

deshalb tut sich eine Schere auf zwischen zwei unge-
sunden Extremen: ein unglaublich hoher Zuwachs
an Magersucht und eine Mehrheit an Kindern, die
während der Pandemie ungesund viel zugenommen
haben. Laut eines *SPIEGEL*-Artikels von Katherine
Rydlink vom Mai 2022 haben während der Coronakrise 16 Prozent der unter Achtzehnjährigen ungesund zugenommen.[20] 44 Prozent würden sich weniger bewegen. Auf der anderen Seite ergeht es immer
mehr jungen Menschen wie der magersüchtigen Jugendlichen, in der es in »Claras Leiden« in der *WELT
AM SONNTAG* im April 2022 geht.[21] Sie wird abge-
hängt, entfremdet sich auch von ihrer Familie und
erfährt nicht genug psychologische Unterstützung.

Wenn eine Essstörung das Leben anhält

Nach der zwölften Klasse, im Jahr der Abiturprüfungen und mitten in der Pandemie, kam ein Mädchen in meine Stufe, die vorher eine Klasse über mir
gewesen war. Wir waren nie gut befreundet gewesen,
und auch sonst hatte niemand so wirklich etwas
mit ihr zu tun gehabt. Zum Unterricht erschien sie
kaum, und auch außerhalb der Schule kam sie nie zu
Aktivitäten. Alles, was ich heute über sie weiß, hat
mir ein gemeinsamer Freund aus ihrer ehemaligen
Klasse einmal erzählt, als wir uns über Essstörungen

unterhielten. Er erzählte davon, dass sie nach der ersten Phase des Homeschoolings, als wir zum ersten Mal wieder zurück in die Schule durften, sichtbar abgenommen hatte, deutlich stiller war als davor und plötzlich darauf achtete, dass ihr niemand beim Essen zusah. Nach jeder weiteren Einheit des Homeschoolings und Lockdowns hatte sich ihr körperlicher Zustand verschlechtert und mit ihm ihre schulischen Leistungen. Es ging so weit, dass sie die Klasse wiederholen musste und in meine Stufe kam. Erst nachdem unser Freund von der Schule gegangen war, erzählte ihm ein Bekannter, dass sie während Corona Bulimie entwickelt hatte.

Wir Kinder und Jugendlichen leiden unfassbar stark unter psychischen Erkrankungen, die die Pandemie nur noch verschlimmert hat.

Durch die fehlende Infrastruktur zur Behandlung dieser Krankheiten wird unsere Gesundheit gefährdet. Während in Deutschland auf Kinder- und Jugendmedizin spezialisierte Fachkräfte und Plätze für Psychotherapien fehlen, haben viele junge Menschen Angst, offen über ihre mentalen Probleme zu sprechen, denn im öffentlichen Diskurs fehlt noch immer die Toleranz gegenüber psychischen Krankheiten. Was Erkrankten hilft, ist Aufklärung und eine höhere Zahl an Hilfsangeboten. Aber auch die Ernährung ist ein Thema, bei dem wir gar nicht wissen, was gesund oder ungesund ist. Es fehlt an Bildung und Aufklärung, die vor allem in den Schulen passieren muss. Wenn die Erwachsenen hier keine Verantwortung für uns übernehmen, gefährden sie unsere Gesundheit.

KAPITEL 7

WARUM DIE SINTFLUT FÜR UNS MEHR ALS EIN SPRUCH IST

Ich stehe zwar noch ganz am Anfang meines Lebens, doch ich kann mir trotzdem nicht vorstellen, jemals selbst Kinder in die Welt zu setzen. Die auf uns zukommende ökologische Zukunft kann und möchte ich einfach niemandem zumuten. Diese Entscheidung, sich nicht fortzupflanzen, ist die Folge einer unfassbar großen Angst, die viele aus meiner Generation teilen: der Angst vor den Folgen und dem Ausmaß des Klimawandels. Inzwischen gibt es für diese Art der Zukunftsangst sogar einen eigenen Namen: Klimaangst. Die *Psychologists for Future* definieren diesen Begriff auf ihrer Website nicht als Reaktion auf eine konkrete Gefahrensituation, sondern als kognitives Gefühl, eine rationale Angst oder auch Sorge über eine nicht unmittelbar konfrontierende Bedrohung, hier die Klimakrise[22]. Meist ergreifen die Betroffenen solcher Ängste Maßnahmen, um die Gefahrensituation möglichst zu vermeiden beziehungsweise Abhilfe zu schaffen. Die *Psychologists for Future* vergleichen dies mit anderen Gefahren, die in der Vergangenheit durch passende Vorkehrungen abgewendet werden konnten. Ohne kognitive Ängste hätten wir im Mittelalter keine Stadtmauern gebaut, würden wir uns zur Krankheitsvorsorge nicht in ärztliche Obhut begeben und nachts unsere Haustüren nicht abschließen. Im Unterschied zu diesen Beispielen sind der Ernst und das Ausmaß der Bedrohung der Klimakrise allerdings noch gar nicht bei allen Betroffenen angekommen. Mit der Gefahr kann also noch nicht ganzheitlich umgegangen und die Angst in Schutzmaßnahmen umgewandelt werden. Vor allem, weil Klimaschutz nicht nur von einigen wenigen, sondern von allen geleistet werden muss. Das ist ein riesengroßes Problem, mit dem wir tagtäglich konfrontiert werden – im Alltag, auf der Straße, in den Nachrichten, im Gespräch mit anderen.

Wenn der Meeresspiegel steigt, weil die Pole schmelzen, dann werden ganze Inseln untergehen. Dann werden Menschen aus Ländern wie Indonesien, woher die Familie meiner Mutter stammt, woanders hingehen müssen. Wenn trockene Landstreifen noch trockener werden, wenn Hitzewellen in Indien und Norditalien immer länger anhalten, dann werden auch diese Regionen auf Dauer unbewohnbar werden. Es wird riesige Flüchtlingsströme aus unbewohnbar gewordenen Gebieten geben. Millionen Menschen werden irgendwo unterkommen müssen. Und wir haben ja bei der Flüchtlingskrise 2015 oder 2021 in Afghanistan gesehen, wie viele reagieren, wenn Menschen ihre Heimat verlassen und irgendwo anders unterkommen müssen. Anders als die Geflüchteten aus der Ukraine im Frühjahr 2022, hat die Gesellschaft diese Menschen nicht mit offenen Armen aufgenommen. Natürlich gab es Ausnahmen und jede Menge Engagement, um die Geflüchteten willkommen zu heißen, aber eben auch viele Proteste und Forderungen nach einer Schließung der Grenzen. Zu groß waren für viele Deutsche die Unterschiede und die Fremdheit der Ankömmlinge. Laut UNO-Flüchtlingshilfe kommen 80 Prozent der zu erwartenden Klimaflüchtlinge aus ärmeren Krisenländern, die nicht die nötigen Ressourcen haben, um sich selbst vor den Folgen der Klimakrise zu schützen. Allein im Jahr 2020 haben, wie das UNHCR berichtet, bereits 30,7 Millionen Menschen aufgrund von Naturereignissen ihre Heimat verlassen müssen.[23] Diese Katastrophen würden mehr als drei Mal so viele Vertreibungen auslösen wie Gewalt und Konflikte. Die Länder im globalen Westen erwartet also eine andere, bisher unbekannte Dimension an Flüchtlingsströmen, über deren Unterbringung sich die Geister scheiden werden. Das wird eine neue Zerreißprobe für die Gesellschaft.

Denn schon jetzt haben wir Verteilungskämpfe um die beste Lebensqualität. Kommen nun noch mehr Menschen dazu, werden sich diese Auseinandersetzungen weiter zuspitzen. Das betrifft Verteilungskämpfe um Wohnorte, begrenzte Ressourcen wie Wasser, Nahrungsmittel, insgesamt das Überleben selbst. Nicht nur zukünftige große Flüchtlingsströme werden für Konflikte sorgen, sondern genauso weitere Aspekte der Klimakrise.

Lieber Klimaschutz als Zukunftsplanung

Ein guter Freund, den ich im Orga-Team der *Fridays for Future* kennenlernte, konnte sich lange nicht entscheiden, was er nach der Schule mit seinem Leben anfangen sollte. Auch weil er oft aufgrund des Klimawandels sowieso keine wirkliche Zukunft für sich gesehen hat. Statt also ein Studium oder eine Ausbildung anzufangen, wurde er zum Hauptverantwortlichen für die Planung unserer Klimademonstrationen und arbeitete nebenher als Praktikant im Wahlkreisbüro unseres grünen Landtagsabgeordneten. Ohne ihn wären unsere Veranstaltungen nicht mal annähernd so gut organisiert und unser Draht zu Behörden und Verwaltung keineswegs so eng gewesen. Ausnahmslos jeden Freitag meldete er Kundgebung nach Kundgebung an. Sein ganzes Leben war auf die Bewegung ausgerichtet. Letztendlich ist er dann nach zwei Jahren Auszeit nach der Schule doch zum Studium nach Berlin gezogen und engagiert sich noch immer sehr stark bei der Ortsgruppe in Berlin. Außerdem und fast schon nebenher studiert er regenerative Energien, weil er so eine Möglichkeit sieht, auch im Beruf gegen den Klimawandel zu kämpfen. Immer wieder haben wir uns über unsere Klimaangst ausgetauscht und oft über unseren Unmut gesprochen, überhaupt unsere Zukunft zu planen, wenn diese sowieso auf wackeligen Beinen steht. Ich bin froh, dass er für sich einen Weg gefunden hat, seine Angst zu lindern und aktiv dagegen zu lernen und zu arbeiten.

Aus der Perspektive der Älteren scheint es irgendwie Sinn zu ergeben, Politik nach dem Motto zu machen: »Nach uns die Sintflut.« Zumindest muss man zwangsläufig diesen Eindruck gewinnen, wenn man sich die Politik der letzten zwanzig Jahre anschaut. Demografisch gesehen ist die alte Generation der jüngeren deutlich überlegen. Also gewinnt man natürlich viel mehr Wähler*innen, wenn man Politik vor allem für die Alten macht. Wer eine Wahl gewinnen möchte, lässt daher fast schon selbstverständlich die Interessen der jungen Generationen außen vor. Eine Umfrage des NABU vor der anstehenden Bundestagswahl aus dem Juli und August 2021 ergab, dass Wählerinnen und Wähler, je älter sie waren, »Klima- und Naturschutzinteressen junger Generationen« immer weniger in ihrer Wahlentscheidung berücksichtigen würden.[24] In der Altersgruppe über 65 würden nur knapp 28 Prozent ihre Wahl auch an unseren Klimaschutzinteressen festmachen, während knapp 60 Prozent diese Rücksichtnahme sogar ablehnten. Das Ergebnis der Umfrage ist erschreckend. Die Folgen dieser Ignoranz und das daraus resultierende Nichthandeln treffen ausschließlich die junge Generation und all diejenigen, die nach ihr kommen. Kein Wunder also, dass laut utopia.de im September 2021 60 Prozent der Sechzehn- bis Fünfundzwanzigjährigen an Klimaangst leiden.[25]

Natürlich sind es in Sachen Klimaschutz nicht alle Erwachsenen, die den Ernst der Lage verkennen, und nicht ausschließlich junge Menschen, die sich gegen die Politik wehren. Auch in meinem Alter gibt es mehr als genug Leute, die sich kein bisschen für Klima interessieren und meine Arbeit bei *Fridays for Future* nur verächtlich belächeln. Genauso habe ich viele Erwachsene kennengelernt, die meinen Einsatz teilen, unsere Klimaangst nachvollziehen und verstehen können. Trotzdem sind es immer noch viel zu viele Menschen, die die Folgen und das Ausmaß des Klimawandels ignorieren, und zwar in jeder Altersklasse.

Doch es ist unsere Zukunft und das Leben der Nachkommen der älteren Generationen, das hier auf dem Spiel steht.

Wie kann man sich darüber denn keine Sorgen machen? Sich nicht ernsthaft fragen, was man beitragen könnte, um die Gefahren zu verringern oder gar abzuwenden? Wie ist es möglich, am Status quo, der Bequemlichkeit festzuhalten, komme, was wolle? Diese Ignoranz, das Schulterzucken, ja das Belächeln unserer Sorgen sind mir unbegreiflich – weil sie das Leben und unsere Zukunft gefährden.

Dabei werde ich persönlich regelmäßig dafür kritisiert, dass auch ich nicht zu hundert Prozent nachhaltig und klimaneutral leben würde. Wie kann ich es also wagen, ein nachhaltigeres Leben mit Umstellungen und Verzicht von der älteren Generation einzufordern? Diesen Standardvorwurf hat jede*r Klimaaktivist*in schon mehr als einmal gehört. Denn junge Menschen kaufen auch manchmal neue Kleidung, fahren Auto, fliegen in den Urlaub oder konsumieren tierische Produkte. Der Punkt ist allerdings, dass Klimaschutz am besten funktioniert, wenn alle sich beteiligen und jeweils etwas nachhaltiger und klimabewusster leben. Wenn ein paar wenige großen Verzicht üben, hat das viel weniger Auswirkung auf die eingesparten Emissionen, als wenn alle zumindest etwas darauf achten, ein mit dem Klima verträglicheres Leben zu führen. Jeder, der mehr regionale und Bioprodukte kauft, mal das Fahrrad oder den Bus statt des Autos nimmt oder, statt zu fliegen, mit der Bahn fährt, leistet schon einen Beitrag für eine bessere Zukunft. Nichtsdestotrotz gibt es auch viele Jugendliche, die unfassbar großen Verzicht leben, um das Klima bestmöglich zu schonen. Besonders im Umfeld von *Fridays for Future* kenne ich viele Menschen, die wirklich nicht mehr fliegen, ausschließlich vegane Produkte essen und kaufen, auf das Auto und den Führerschein verzichten und, wo es geht, Wasser und Energie sparen.

Von Besserwisserinnen und Klimaleugnern

Während meines Engagements bei *Fridays for Future* in meinem Heimatlandkreis wurde ich immer wieder mit diesem Teil der Gesellschaft konfrontiert, der sich bewusst und vehement dagegen wehrt, die Klimaschutzinteressen unserer Generation anzuerkennen, geschweige denn zu unterstützen. Kaum eine Demonstration, Kundgebung oder andere Protestaktion kam ohne Pöbelei oder beschimpfendes Gespräch aus. Regelmäßig regten sich Passant*innen darüber auf, dass wir sie mit unseren Aktionen störten. Neben der Geschichte von meiner Begegnung mit der Dame aus dem vorherigen Kapitel handelt eine weitere meiner Lieblingsanekdoten von einem Herrn, der meine Freunde und mich bei einer Kreidemal-Aktion ansprach.

»Wissen Sie, was Entropie ist?«, fragte er uns.

Meine beiden Freunde, die gerade dabei waren, mit mir verschiedene Sprüche auf den Gehweg zu malen, sollten zufälligerweise beide später Physik studieren und stürzten sich eifrig in die zunächst spannend wirkende Diskussion. Ich selbst konnte zwar den Begriff irgendwie mit Thermodynamik in Verbindung bringen, hielt mich aufgrund meines vagen Halbwissens jedoch lieber aus der Diskussion heraus. Stattdessen wurde ich Zeugin eines Schlagabtauschs, in dem der ältere Herr den menschengemachten Klimawandel leugnete und ihn stattdessen durch steigende Entropie erklärte. Des Weiteren machte sich unser Gesprächspartner wiederholt darüber lustig, wie naiv und blöd wir sein müssten, um der »Mainstream-Wissenschaft« Glauben zu schenken und nicht hinter die tatsächlichen Ursachen zu schauen. Wissenschaftlich konnte zwar niemand von uns diese These widerlegen, doch wollten wir uns unsere Angst vor den Folgen des Klimawandels nicht so leicht absprechen lassen. Wir mögen zwar alle nicht besonders viel über Thermodynamik gewusst haben, doch ändert das nichts an der Sorge, die wir angesichts unserer Zukunft verspüren. Die deutliche Mehrheit der aktuellen Forschung ist sich einig, dass der menschengemachte Klimawandel existiert und seine Folgen durch unser Handeln verändert werden können. Die Tatsache, dass die drohende Gefahrensituation zumindest in Teilen noch abgewendet werden kann, nehmen allerdings viel zu viele Menschen nicht ernst.

Überhaupt habe ich das Gefühl, dass kaum jemand wirklich ernst nimmt, was durch den Klimawandel passieren kann. Erst recht, da Umfrageergebnisse wie die des NABU vorliegen. Die ganze Welt weiß, dass es den Klimawandel gibt. Und keine der politischen Parteien im Bundestag außer der AfD bestreitet ihn noch. Und trotzdem ist entweder das Ausmaß egal, oder das Thema wird einfach nach hinten gestellt, weil etwas anderes als wichtiger empfunden wird. Meine Generation hat große Sorge, dass es irgendwann einfach zu spät sein wird, mit den wirklich wichtigen Maßnahmen gegenzusteuern. *Fridays for Future,* Extinction Rebellion und andere Bewegungen machen seit Jahren auf die drohende Gefahr aufmerksam, doch sind uns bei allen weiteren Handlungsschritten die Hände gebunden.

Wir sitzen nicht auf den wichtigen Entscheidungsposten in der Politik und Wirtschaft, um einen wirklich nachhaltigen Wandel anzukurbeln.

Wir können keinen Einspruch erheben gegen das, was letztendlich unsere Zukunft bedroht.

In unzähligen Reden und wütenden Poetry-Slams habe ich trotzdem versucht, die Dringlichkeit des Klimaschutzes zu thematisieren und vorzutragen. Natürlich saßen da vor allem Gleichgesinnte im Publikum, die gar nicht mehr abgeholt und überzeugt werden mussten, doch berichtete auch immer wieder die Lokalpresse über unsere Veranstaltungen und manchmal sogar über meine Redebeiträge. Besonders ein Text gefiel der Journalistin unseres Lokalblattes so gut, dass sie mich bat, ihn ihr zu schicken.

»Wie könnt ihr einfach verharmlosen, dass für den Eisbären da oben bald kein Zuhause mehr besteht, auf der ganzen Erde ein viel zu heißer Wind weht, unser Haus in Flammen steht, egal wie man es wendet und dreht, es mit dieser Welt den Bach runtergeht? Bitte hört uns endlich zu, setzt unsere Ideen um, denn UNSERE Luft wird jeden Tag ein bisschen dünner«, rief ich beim Großstreik am 20. September 2019 gut zweitausend Menschen zu. Und unglaubliche zweitausend Menschen jubelten. Die Demonstration in meiner Heimatstadt war dabei nur eine kleine von vielen großen Aktionen, die an diesem Tag in ganz Deutschland stattfanden. Über den ganzen Globus verteilt riefen Menschen »System change, not climate change«, »Power to the people« und »What do we want? – Climate justice! – When do we want it? – Now!«, und dennoch brachte die damalige GroKo am selben Tag ein für das 1,5-Grad-Ziel unzureichendes Klimapaket hervor. Noch während der Kundgebung konnten wir weitergeben, was die Bundesregierung beschlossen hatte. Zum ersten Mal hörte ich, wie die Regierung von zweitausend Menschen ausgebuht wurde. Unsere Aktionen und Proteste hatten nicht gefruchtet.

Trotzdem versuchen wir weiterhin, uns auch auf andere Weisen als durch zivilen Ungehorsam gegen die Entscheidungen und das Handeln der älteren Generationen zu wehren. Im April 2021 stimmte das Bundesverfassungsgericht der Klage einer Gruppe junger Klimaaktivist*innen gegen das Klimaschutzgesetz der Bundesregierung zu. *Fridays for Future* fordert bereits seit 2019 Klimaneutralität bis 2035 – endlich gibt uns eine höhere Instanz zumindest teilweise recht. Endlich wird auch in der öffentlichen Debatte klar, dass unsere Generation die Aussicht auf eine lebenswerte Zukunft braucht. Das höchste deutsche Gericht hat anerkannt, dass wir durch heute getroffene Entscheidungen Leid erfahren werden. Diese Anerkennung kommt allerdings weder von führenden Politiker*innen noch von den großen Parteien. Weder die CDU noch die FDP oder die

SPD verankerten in ihren Wahlprogrammen Maßnahmen zur Einhaltung des 1,5-Grad-Ziels. Im Gegenteil, Bundeskanzler Olaf Scholz äußerte sich am
102. Katholikentag im Mai 2022 in Stuttgart, wo es
unter anderem auch um Klimaschutz ging, sogar ab-
wertend über Aktivist*innen, die die Veranstaltung
störten, wie die *Süddeutsche Zeitung* später schrieb.
»Ich sage mal ganz ehrlich, diese schwarz gekleide-
ten Inszenierungen bei verschiedenen Veranstaltungen von immer den gleichen Leuten erinnern mich
an eine Zeit, die lange zurückliegt, und Gott sei
Dank«, sagte er nach einem Zwischenruf eines Ak-
tivisten.[26] Aber auch das Wahlprogramm der Grünen kann in der Ampel-Koalition nicht so durchge-
setzt werden, wie unser Klima es eigentlich dringend
bräuchte.

Unser Engagement gilt allerdings nicht nur dem
Klima. Wir haben auch verstanden, dass Klimapolitik gleichzeitig soziale Politik sein muss. Politik, die
sich auf die Herausforderungen der Klimakrise vorbereiten muss, die nicht einzelne Leute zurücklässt.
Denn das Klima betrifft letztendlich uns alle und
unsere oder zumindest die Zukunft unserer Nachkommen. Gleichzeitig kann die Klimakrise nur bekämpft werden, wenn nicht ständig andere soziale
Krisen nebenher bekämpft werden müssen. Am Bei-

spiel der Coronakrise wurde deutlich, wie schnell Klima und Umwelt in den Hintergrund rücken können, wenn eine akute Gefahrensituation alle politischen Kräfte bindet. Doch in den nächsten Jahren werden uns immer mehr und immer heftigere Krisenwellen treffen, die irgendwann ihren Krisenstatus verlieren werden. Denn eine Krise zeichnet sich ja auch dadurch aus, dass sie irgendwann wieder gelöst wird. Die Extremwetterereignisse, Fluten, Waldbrände und die Massen, die vor ihnen fliehen werden, sind allerdings nicht mehr aufzuhalten. Die Folgen des Klimawandels sind heute schon unumkehrbar, wie auch das Umweltbundesamt auf seiner Website schreibt. Was tun wir als Weltgemeinschaft, wenn der Klimawandel uns noch stärker bedroht als jetzt schon?

Wir haben keine Zeit mehr zu verlieren, wir müssen endlich, endlich handeln!

Die Bundestagswahl 2021 ging in die Geschichte ein als »Klimawahl«. Es war klar, dass die hier gewählte Bundesregierung die letzte sein würde, die in der Lage wäre, die Erderwärmung mit politischen Mitteln so gering wie möglich zu halten. Und tatsächlich handelte eine Mehrheit der Wählerschaft, und SPD und Grüne schafften es in die Regierung. Im Koalitionsvertrag mit der FDP verständigten sich die Parteien auf ein Klimaschutz-Sofortprogramm, das noch in der ersten Jahreshälfte 2022 vorgestellt werden sollte. Zehn Monate nach der Wahl, im Juli 2022, steht fest: Es wird kein Sofortprogramm geben. Und das ist nicht die einzige Enttäuschung der neuen Bundesregierung in Sachen Klimaschutz und Einhaltung des 1,5-Grad-Ziels. Wenn Verkehrsminister Volker Wissing ein Tempolimit auf deutschen Autobahnen blockiert, staatliche Tankrabatte fossile Kraftstoffe wieder attraktiver machen und der Ausbau von Straßen und Flughäfen weiter subventioniert wird, braucht sich die Bundesregierung gar nicht zu wundern, wenn junge Klimaaktivist*innen Veranstaltungen wie den Stuttgarter Katholikentag stören und weiter mit *Fridays for Future* auf die Straße gehen. Vor einem internationalen Großstreik im Frühjahr twitterten die Grünen trotzdem ihre Unterstützung der Bewegung und riefen auf der Social-Media-Plattform zur Demonstration auf. Die Antwort von *Fridays for Future* auf diesen Tweet im Sinne von »falls ihr es noch nicht gemerkt habt, ihr seid es übrigens, gegen die wir demonstrieren« fasste die allgemeine Haltung zur Bundesregierung sehr treffend zusammen.

Ironischerweise findet sich auf der Website der

Bundesregierung unter der Rubrik »Energie und Klimaschutz« ein eigener Artikel mit dem Titel »Auswirkungen des Klimawandels – Konsequenzen für Deutschland und die Welt« aus dem Jahr 2019,[27] der unter anderem die gesundheitlichen, ökologischen und ökonomischen Gefahren des Klimawandels aufschlüsselt. Die Rede ist von erhöhtem Gesundheitsrisiko alter und kranker Menschen durch die Folgen des Klimawandels, von Extremwetterereignissen, Waldsterben und Missernten in der Landwirtschaft. Die Bundesregierung weiß also ganz genau, wie gefährlich und real bedrohlich der Klimawandel ist. Sie selbst veröffentlicht Informationen darüber, dass die Folgen des Klimawandels auch ihre eigene Wählerschaft beeinflussen werden, und trotzdem wirkt sie der Gefahr durch ihre politischen Entscheidungen nicht entgegen.

»Die Folgen des Klimawandels werden sich in Zukunft weiter verstärken, wenn wir den Ausstoß von klimaschädlichen Treibhausgasen nicht entscheidend verringern. Auch Maßnahmen zur Anpassung an den Klimawandel stehen zunehmend im Fokus«, heißt es in dem Artikel aus behördlicher Feder. Wo genau bleibt dann aber die Ergreifung von Maßnahmen, wo genau sparen wir entschieden genug Emissionen ein? Wir brauchen eine echte Klimapolitik – jetzt!

Kurz gesagt: Es müssen endlich alle den Klimawandel als Gefahr wahrnehmen. Jeder Teil unseres Lebens sollte darauf ausgelegt sein, diese Krise so klein wie möglich zu halten. Denn letztendlich geht es hier um unser Überleben, was viele Alte uns erschweren. »System change, not climate change!«, wie es so schön heißt. Nehmt uns und die Klimakrise endlich ernst!

KAPITEL 8

WIE UNS DIE KOSTEN FÜR DIE AUSGABEN DER ALTEN AUFGEBÜRDET WERDEN

Den Umgang mit Geld und Finanzen müssen sich viele junge Leute selbst beibringen. In der Schule wird, wie vorher beschrieben, nicht ausreichend darüber gesprochen, und auch viele Eltern denken gar nicht daran, in der Familie offen über ihre Finanzen zu reden. Die Folge ist, dass ich und viele andere meiner Generation keine Ahnung von Versicherungen, Steuern und Altersvorsorge haben. Erst wenn wir uns selbst umfänglich informieren, können wir mühsam und oft auch nur ansatzweise herausfinden, was finanziell für uns wichtig ist. Und auch das, was finanziell in der Zukunft noch auf uns zukommt, verstehen wir nur, wenn wir uns ernsthaft damit auseinandersetzen. Ich selbst würde von mir definitiv nicht behaupten, dass ich mich gut mit Geld oder Wirtschaft auskenne. Aber vielleicht bin ich gerade deshalb besonders repräsentativ für einen Großteil meiner Generation, der sich früher oder später mit dem Thema beschäftigen muss. Ich habe mir also die Mühe gemacht, so viel wie möglich über Geld und den Preis des Lebens in unserer Gesellschaft herauszufinden, vor allem in Bezug auf uns, die junge Generation. Und das meiste davon ist eher erschreckend.

Seit einem Jahrzehnt und länger sinkt das Rentenniveau. Sprich, das Verhältnis zwischen Standardrente und Durchschnittseinkommen entwickelt sich so, dass die Rente immer geringer wird. 2019 lag das Rentenniveau bei 48 Prozent, gemessen am vorigen Einkommen. Nach 45 Jahren im Beruf würde man also, stark vereinfacht erklärt, 48 Prozent seines Gehalts als Rente weiterhin bekommen, wie das Deutsche Institut für Wirtschaftsforschung auf seiner Website beschreibt.[28] Das Institut stellte 2019 allerdings die Prognose auf, dass das Rentenniveau bis 2045 auf 43 Prozent sinken könnte. Glücklicherweise bleiben die Rahmenbedingungen aus 2019 nicht bestehen, und so sollen die Renten in Zukunft um gute fünf Prozent steigen, so zumindest der aktuelle Plan (Stand Juli 2022). Wären da nicht die vielen älteren Menschen mit eher wenigen Nachkommen, könnten auch alle von diesem höheren Rentensatz profitieren. Doch dadurch, dass es immer mehr alte Menschen gibt und immer weniger junge, werden wenig Junge für ganz viele Alte zahlen müssen. *DIE WELT* titelte bereits 2014: »Rente: Babyboomer leben auf Kosten der jungen Generation.«[29] Reinhard Mohr beschrieb schon damals die Angst vor einer möglichen Altersarmut und dem drohenden Generationenkonflikt, der bevorstünde, wenn die Älteren immer mehr Kosten auf die jüngeren Generationen abwälzten. In dieser Kombination wird es für Menschen, die wie ich bald ins Berufsleben einsteigen, ökonomisch gesehen immer schwerer, den Kopf über Wasser zu halten. Wie sollen wir es schaffen, selbst eine gute Rentenanwartschaft aufzubauen, ohne die Lasten auf unsere eigenen Kinder auszulagern? Diejenigen, die jetzt ganz neu zu arbeiten anfangen, haben auf ganzer Linie den Kürzeren gezogen. Sie verdienen weniger, während der Bedarf an Zahlungen für diejenigen, die jetzt neu ihre Rente bekommen, steigt. Damit wird der von Mohr prophezeite Generationenkonflikt immer größer.

Wir Schüler*innen sind noch nicht einmal bei unseren ersten richtigen Vorstellungsgesprächen gewesen. Die Rente erscheint uns so weit weg. Wir wähnen uns in sicherer Distanz, einer Distanz, die aber trügt. Denn mit Altersvorsorge, so ergab meine Recherche, kann man gar nicht früh genug anfangen. Aber wie soll das gehen, wenn wir doch erst einmal selbst einen Beruf erlernen, studieren und Erfahrungen sammeln müssen?

Ein weiteres wichtiges Thema, das mit Geld zu tun hat, ist die Kinderarmut: Allein in Deutschland lebt laut Bundeszentrale für politische Bildung jedes fünfte Kind in Armut.[30] Die Ursachen dafür sind vielfältig. Nach Statista lebten im Dezember 2021 11,8 Prozent der unter Achtzehnjährigen im bundesdeutschen Schnitt in Haushalten, die Hartz IV beziehen. »Bedarfsgemeinschaften mit SGB-II-Bezug«, wie es im Behördendeutsch heißt.[31] Dass überhaupt ein Leben am Existenzminimum durch den Staat gesichert wird, spricht grundsätzlich für unser System. So wie diese Grundsicherung allerdings umgesetzt wird, bringt Hartz IV oft mehr Menschenverachtung als Grundsicherung mit sich. Man verpasst etwa einen Termin beim Jobcenter oder lehnt einen vermittelten Job ab und muss direkt mit Kürzungen des Satzes rechnen. Die Menschen werden also dafür bestraft, wenn sie nicht nach der Nase des Arbeitsamts tanzen. Und auch das Stigma, mit dem der Empfang von Arbeitslosengeld behaftet ist, ist ein riesiges Problem. Besonders anschaulich und betroffen machend beschreibt die Autorin und Journalistin Anna Mayr in ihrem Buch *Die Elenden*[32] die gesellschaftliche Ausgrenzung von sozial schlechter gestellten Menschen und dem beschwerlichen, fast unmöglichen Weg, sich zurück in die Arbeitswelt zu kämpfen.

Ohne Geld keine Perspektive

Während des ersten oder zweiten Lockdowns erzählte mein älterer Halbbruder einmal von einer besonderen Begegnung, die er ausgerechnet an einer Mülldeponie gemacht hatte. In der kleinen Stadt, in der er wohnt, befinden sich dort nämlich die Unterkünfte für vorwiegend junge obdachlose Frauen. Kleine Holzhütten, so weit wie möglich entfernt vom Stadtzentrum, wie er beschrieb. Als er bei besagtem »Entsorgungszentrum« also seinen Müll entsorgt hatte und mit dem Auto wieder nach Hause fahren wollte, kam plötzlich eine junge Frau auf sein Auto zugerannt. Wild »Halt, Moment!« schreiend und mit dem für Anhalter*innen typischen Daumen nach oben, eilte sie zu ihm und bat um Mitfahrgelegenheit. Auf der Fahrt zum Bahnhof erzählte sie, dass sie neunzehn sei und einen kleinen Sohn hätte, der beim Vater leben würde. Sie sei gerade auf dem Weg zu einem Termin mit dem Jugendamt, bei dem es um ihr Kind ging, und meinte, sie wolle eine Wohnung mieten, einen Führerschein machen und ihren Sohn zu sich nehmen. Sie wünschte sich also nichts anderes als ein besseres Leben für sich und ihr Kind. Das Einzige, was mein Bruder sich während dieser Begegnung dachte, war: »Geld, Mädchen. Für all das braucht man aber Geld.«

Für mich und mein soziales Umfeld kamen meist mit fünfzehn oder sechzehn die ersten Möglichkeiten auf, eigenes Geld zu verdienen. Die paar hundert Euro, die wir da in einem Sommer verdienten, gaben wir aus für den ersten eigenen Urlaub, ein neues Handy, besonders tolle Schuhe, oder wir legten sie für den Führerschein beiseite. Jugendliche aus Hartz-IV-Haushalten, SOS-Kinderdörfern und anderen Heimen dürfen ihr selbst verdientes Geld allerdings nicht behalten. Das Einkommen wird mit der Unterstützung vom Staat verrechnet, und Eltern müssen den Verdienst ihrer Kinder melden und bekommen dann weniger Zuschüsse für diesen Zeitraum. Sie sollen dafür zahlen, dass diejenigen Erwachsenen, die für ihren Schutz und ihr Aufwachsen verantwortlich sind, finanzielle Hilfe vom Staat benötigen. Natürlich fehlt dann der Wille und die Motivation, sich überhaupt eine Arbeit zu suchen. Wenn man sich sowieso nicht aus der Armut befreien und auf eigene Beine kommen kann, wozu es dann überhaupt versuchen? Es darf einfach nicht sein, dass das Recht auf Wohnen und Nahrung der Kinder mit ihrem selbst verdienten Geld verrechnet wird. Im Juli 2022 tritt ein neuer Kinderzuschlag in Kraft, den SPD, Grüne, FDP und Union in ihren Wahlprogrammen verankert hatten. Er soll davor schützen, dass Eltern nur aufgrund ihrer Kinder Hartz IV beantragen müssen. Dann könnten Kinder ihr eigenes Geld behalten und müssten es nicht mit der Hilfe verrechnen, die ihre Eltern bekommen. Das Bundessozialgericht in Kassel urteilt allerdings, dass nur erwerbstätige Eltern diese Leistung beziehen dürfen. Eine weitere Schranke für Kinder also, um aus Hartz IV auszubrechen.

Albtraum eigenes Einkommen

Online habe ich vor einer Weile mal einen Zeitungs-
artikel über ein Mädchen gelesen, dessen alleinerzie-
hende Mutter Hartz IV bekommt und ihrer Tochter
deshalb ihren Traum vom eignen E-Bass nicht erfül-
len kann. Das Kind sucht sich also einen Job und
fängt an, selbst Geld zu verdienen. Tatsächlich spart
sie genug Geld und kauft sich ihr heiß erträumtes
Instrument, doch wusste sie nicht, dass ihrer Mutter
durch ihr Einkommen der Kinderfreibetrag gestrichen wurde. Es gibt eine Regelung, die besagt, dass
sie nur 100 Euro im Monat behalten darf und von
jedem weiteren Euro, den sie verdient, 80 Cent wieder abgeben muss. Aus Frust schrieb sie einen Brief
an den damaligen Arbeitsminister Olaf Scholz. Dieser konnte sie nur vertrösten und schreiben, dass er
keine bessere Lösung in der Rechtsgrundlage gefunden hätte.

Wie sollen Kinder wie dieses Mädchen mal finanziell auf eigenen Beinen stehen, wenn sie keine
Chance haben, ihr Geld zu sparen und für ihre Zukunft anzulegen? Diese Regelung finde ich nicht nur
Kindern und Jugendlichen gegenüber ungerecht,
sondern auch den Verhältnissen gegenüber, in denen Kinder von Eltern, die keine finanzielle Unterstützung erhalten, Geld verdienen dürfen. So wird
dafür gesorgt, dass, wer bereits als Kind arm ist,

meistens als Erwachsener immer noch in Armut lebt.

Ein anderer Umstand, der meine Generation noch viel Geld kosten wird, ist der anhaltende Reformstau, zum Beispiel bei der Digitalisierung. Die mangelhafte Digitalisierung des öffentlichen Lebens wird von uns Schüler*innen überall wahrgenommen und kritisiert. Bei uns findet der Unterricht wie beschrieben immer noch mit Tafel und Kreide statt. Unsere Generation, die mit digitaler Technologie aufgewachsen ist, möchte auch in der Schule damit arbeiten. Doch dieser Umgang bleibt uns verwehrt. Besonders während Homeschooling und Lockdown wurde Schüler*innen, Lehrer*innen und Eltern klar, wie unterentwickelt unsere digitale Infrastruktur tatsächlich ist. Im ersten Lockdown 2020 fehlte es zunächst an Endgeräten, dann an ausreichend starken Internetverbindungen und schließlich an Programmen, die für den Online-Unterricht verwendet werden durften. Man könnte meinen, dass die Ministerien aus den Versäumnissen dieser ersten Phase gelernt hätten, doch brachten alle weiteren Homeschooling-Einheiten keinerlei Besserung oder Umstellung mit sich. Die Technik blieb mager, wenn sie nicht gerade streikte, und selbst dann verfügten die meisten Lehrer*innen nicht über die nötigen

Kenntnisse, sie auch am Laufen zu halten. Deutschland liegt bei der Digitalisierung im europäischen Vergleich auf dem vorletzten Platz, ergab eine Studie des Berliner European Center for Digital Competitiveness (ECDC).[33] Nur Albanien ist noch schlechter ausgestattet als wir. Darf sich die Bundesregierung dann überhaupt als »Vorreiter bei Innovationen« bezeichnen, wie sie auf ihrer Website schreibt?

Unsere Generation ist auf das Internet angewiesen, allein schon, weil sich ein Großteil unseres sozialen Lebens dort abspielt. Aber der Leitungsausbau geht nicht schnell genug: Bei mir, wie bei vielen anderen, funktioniert das Internet oft einfach nicht. Und das nicht nur auf dem Dorf, sondern genauso in größeren Städten. Und selbstverständlich ist die digitale Infrastruktur auch wirtschaftlich absolut essenziell. Deutschland liegt nach dem Bruttoinlandsprodukt unter den Top fünf der wirtschaftsstärksten Länder. Da ist es vor allem peinlich, wenn zwar viel über Digitalisierung geredet, aber nur wenig Digitalisierung umgesetzt wird. Wenn die heute Erwachsenen diese Infrastruktur nicht schaffen, dann wird auch die deutsche Wirtschaft darunter leiden. Wir können nur hoffen, dass diese Priorität der Wirtschaft die Politiker*innen dazu bringt, die Digitalisierung schneller voranzutreiben.

Ich hoffe nicht, dass das Thema digitaler Fortschritt jetzt wieder in eine Kiste gelegt wird, bis jemand aus meiner Generation antritt, um es hervorzuholen und das umzusetzen, was die heute Erwachsenen seit Langem versäumen.

Vor diesem Hintergrund ärgert es mich, wenn die CDU behauptet, die schwarze Null würde uns guttun. Sie würden keine Schulden machen, während andere, vor allem soziale Parteien, das Geld verpulverten. Auch die schwarze Regierung hat sich in ihrer Amtszeit Geld geliehen, das jemand anderes zurückzahlen muss. Die Konservativen behaupten, sie könnten den Staat wohlhabend halten. Aber das betrifft nur den Staat der jetzigen Alten. Wir Jungen müssen es ausbaden, obwohl wir in der Mehrheit weniger konservativ eingestellt sind.

Unsere Wählerstimmen reichen nicht aus, um uns zu wehren.

Dazu sind wir zahlenmäßig zu wenige, und außerdem dürfen wir ja auch erst mit achtzehn wählen.

Zudem gibt es Schulden für Kleine und Schulden für Große. Es ist ein Unterschied, wenn sich kleine und mittelständische Unternehmen in der Pandemie hoch verschulden und Giganten wie Lufthansa der Bankrott droht. Und es verärgert auch uns Jugendliche zu sehen, wenn die Überbrückungshilfen für Unternehmen und Selbstständige mit viel Verzögerung oder gar nicht ankommen, während die Lufthansa Milliardenhilfen zugesprochen bekommt. Dieses große Wirtschaftsunternehmen mit staatlichen Hilfen zu unterstützen, fanden viele, die ich kenne, unnötig. Fliegen ist nicht mehr zeitgemäß. Mit dem Klimawandel und der Erderwärmung ist es moralisch nicht vertretbar, wenn gerade so ein Unternehmen gerettet wird. Die Finanzierung von Kurzarbeit oder Solidaritätszahlungen für kleine Unternehmen wie Restaurants wiederum finden wir absolut legitim und moralisch vertretbar. Sie fördern Strukturen, auf die wir später aufbauen können. Dieses Abwägen bei der Finanzierung verschiedener Unternehmen ist auch eine Sache der Fairness, die die schwarz-rote Regierung aus Sicht meiner Generation einfach falsch bewertet und umgesetzt hat.

Aber wen kümmert es eigentlich, dass unsere Schulen zerfallen, die Freibäder und Sportplätze aufgegeben und geschlossen werden? Wenn wir digital nicht vorankommen? Wer von den Alten ist bereit, für uns Jungen zu investieren?

Die schwarze Null ist eine Ausrede, um uns Dinge vorzuenthalten, die für die Alten selbstverständlich waren.

Ein weiteres Feld, in dem Investitionen schon seit Jahren dringend nötig wären, ist die Mobilitätsbranche. Nicht nur aus ökologischer Sicht, sondern auch um Mobilität für möglichst alle zugänglich zu machen, braucht es einen enormen Ausbau des Schienennetzes. Von ausfallenden Zügen und überfüllten Waggons kann ich ein Lied singen, weil wir hier auf dem Land auf den Schienenverkehr angewiesen sind. Da schmerzt es besonders, wenn einzelne Bahnabschnitte nicht elektrifiziert oder nur einspurig sind und sich dadurch Züge regelmäßig verspäten. Oder Lokomotiven doppelt geführt werden müssen, weil nur stellenweise elektrifiziert wurde und der Rest mit Diesellok gefahren werden muss. Ganz zu schweigen davon, dass ganze Regionen gar nicht angebunden sind. Am Bodensee, wo ich aufgewachsen und zur Schule gegangen bin, verläuft die Bodenseegürtelbahn, die seit jeher ausschließlich mit Diesellokomotiven bedient werden kann. Eine Elektrifizierung der Strecke wird seit Jahren von allen Parteien, Landratsamt und anliegenden Gemeinden befürwortet, doch stellt sich die Bahn quer. Dabei besitzt sie sogar das Recht an dem an die Schienen anliegenden Land, um die nötige Infrastruktur zur Elektrifizierung zu errichten. Was fehlt, ist das Interesse, auch in die Infrastruktur zu investieren. Problem an der Sache ist, dass dieses Recht irgendwann abläuft und dann gar nicht mehr gebaut werden darf. An dieser Stelle wird also ganz bewusst verschlafen, was die Menschen dringend bräuchten, um von einer Infrastruktur, die ausschließlich die Kraftfahrstraßen bedient, wegzukommen. Diese Umstellung der Mobilität muss irgendwann kommen. Auch weil Kraftstofffahrzeuge technologisch keine Zukunft haben. Nur wird sie jetzt gerade auf unsere Geldbeutel vertagt.

Jede Menge weitere Kosten, die die Alten uns gerade mit ihrem falschen oder fehlenden Handeln aufbrummen, sammeln sich etwa durch Umweltbelastungen und Coronaschulden, die wir später bereinigen sollen. Wer denn sonst? Das Umweltbundesamt befasste sich im August 2021 mit den gesellschaftlichen Kosten von Umweltbelastungen und kam zu einer erschreckenden Bilanz. Allein durch die Treibhausgas-Emissionen Deutschlands aus dem Jahr 2019 sind Umweltkosten von mindestens

156 Milliarden Euro entstanden, die etwa bei Ernte-ausfällen, Schäden des Ökosystems und Gesund-heitsschäden anfallen.[34] Insgesamt wurden die Um-weltkosten von Baustoffen, Landwirtschaft, Verkehr, Strom- und Wärmeerzeugung sowie Treibhausgas-Emissionen errechnet, die alle auf die junge Gene-ration zurückfallen werden. Sie können den Ver-ursachern nicht angelastet werden, weil die durch entsprechendes Verhalten entstehenden Kosten erst in Zukunft auftauchen, wie das Umweltbundesamt schreibt, und verursachen deshalb bisher noch kein Umdenken, um die Umweltbelastung zu senken. Es wird also nicht nur unser Heimatplanet zerstört, son-dern nebenher noch mit unserem Kapital spekuliert.

Auch die Schulden, die in den Jahren der Corona-pandemie aufgenommen wurden, werden wir bezah-len müssen. Das Erste spricht in der Sendung *plus-minus* im August 2021 von 2,3 Billionen Euro, die die deutschen Schulden bereits 2020 auch wegen der Pandemie betragen.[35] Expert*innen geben zwar Ent-warnung – es gebe genug Wege, um die Schulden wieder sinken zu lassen, doch sind diese Milliarden-schulden sicher nicht von heute auf morgen getilgt. Meine Generation wird die Verbindlichkeiten noch in zehn oder zwanzig Jahren mit abbezahlen dür-fen, dabei sind wir sie nicht eingegangen, geschweige denn dass wir hätten mitentscheiden dürfen, wofür das geliehene Geld ausgegeben wird.

Nur wenige Jugendliche sind bereit, eine solche Recherche über Geld und Finanzen anzustellen, wie ich sie für dieses Kapitel unternommen habe. Vielen ist also noch gar nicht klar, was später finanziell auf unsere Generation zukommt. Aber auch was mit dem Geld von jungen Menschen in Hartz-IV-Haushalten passiert, wissen zu wenige. Die Politik muss endlich aufhören, Kosten auf uns abzuladen und den Schwächsten in unserem Kreis gleichzeitig hart verdientes Geld wegzunehmen.

KAPITEL 9

MEINE HOFFNUNG

Über knapp sieben Monate hinweg habe ich an diesem unglaublichen Projekt gearbeitet. Ich habe die einmalige Chance bekommen, all das aufzuschreiben, worüber ich wütend bin. Grundsätzlich bin ich ein Mensch, der immer die Ruhe bewahrt und selten seine Wut nach außen trägt. Trotzdem empfinde ich eine Pflicht gegenüber allen anderen meiner Generation, diese Chance zu nutzen und das niederzuschreiben, was ich von meinen Freund*innen und Bekannten erzählt bekomme und auch selbst tagtäglich erlebe.

Vor diesem Buchprojekt war meine Wut ein allgemeines Gefühl. Viel zu viele Dinge liefen aus meiner Sicht in der Gesellschaft schief. Benennen und begründen konnte ich dies nur vage. Acht Kapitel später kann ich nun über acht verschiedene Themen sprechen, die uns Jugendliche belasten, bei denen Ungerechtigkeiten auf der Tagesordnung sind. Acht Kapitel später kann ich außerdem sagen, was mich besonders wütend macht. Die Liste beginnt bei einem ständigen Von-der-Politik-übergangen-Werden, bei gesellschaftlicher Marginalisierung, Verdrängung aus dem öffentlichen Raum, Versäumnissen in der Schule und Berufsausbildung, sie bewegt sich bis hin zu einem fehlenden Bewusstsein für psychische Krankheiten und den Klimawandel und endet mit der Erkenntnis über die Schulden, die in unserem Namen aufgenommen werden.

Zuallererst gibt es diesen Umstand, der mir immer klarer geworden ist, je weiter ich gearbeitet habe, dass jede Generation mit ihren Eltern, mit den Generationen vor sich, vergleichbare Generationenkonflikte gehabt hat. Das heißt, dass alle Erwachsenen die Probleme kennen, die wir gerade haben, sich aber oft nicht mehr daran erinnern, wie sich das anfühlt. Vielleicht können sie sich auch erinnern, fragen sich aber, warum ausgerechnet wir uns jetzt das Recht rausnehmen, auf die Straße zu gehen und zu protestieren. Sie haben es ja auch ausgehalten. Damals, als sie selbst jung waren. Und darauf, dass sie es als junge Menschen auch nicht leichter hatten, baut eigentlich alles andere auf. Darauf baut auf, dass Investitionen ganz anders getätigt werden, als wir Jugendlichen es mehrheitlich gut finden. Darauf baut auf, dass der demografische Wandel nicht auch mit politischem und gesellschaftlichem Wandel einhergeht. Darauf baut auf, dass beim Klimawandel ganz viel verschlafen wird. Nicht nur finanziell, sondern auch vonseiten der Erwachsenen. Dass sie das Gefühl haben, sich nicht darum kümmern zu müssen. Und dass Investitionen auf die Generationen, die nach ihnen kommen, verlagert werden. Das haben sie ja selbst schon erlebt. Ihre Elterngeneration hat Kriege geführt, die dann später wieder irgendjemand hätte bezahlen müssen, wäre da nicht das Wirtschaftswunder gewesen. Und jetzt ist der Klimawandel dieses neue Ding.

Jede Generation hat einen Generationenkonflikt mit der Generation vor ihr ausgetragen. Es ist nichts Neues, dass man sich über bestimmte Themen uneinig ist. Dieser aktuelle Generationenkonflikt erhält allerdings eine neue Komponente, die ihn wichtiger und größer macht als alle Generationenkonflikte vor ihm. Denn das Thema Klima ist nicht nur für die Generationen wichtig, die gerade am Konflikt beteiligt sind, sondern noch viel wichtiger für alle Generationen, die nach unserer kommen. Ich bin mir sicher, dass selbst die folgende Generation uns irgendwann vorhalten wird, dass auch wir in Sachen Klimaschutz zu wenig getan haben. Genauso wie wir es jetzt schon tun, nur noch viel, viel stärker. Was zum einen daran liegt, dass auch in meiner Generation noch nicht alle sich ernsthaft Sorgen machen, noch nicht alle die Angst vor dem Klimawandel spüren. Und zum anderen, weil wir uns ja auch noch um das kümmern müssen, was die Generation vor uns an Belastungen hinterlassen hat. Wir werden einen großen Spagat machen müssen zwischen den Kosten, die vorher schon generiert wurden, und dem Klimaschutz, der notwendig ist, damit zumindest irgendjemand noch irgendwie überleben kann auf diesem Planeten. Und natürlich ist das eine Tatsache, die eine größere Wucht hat als die bisherigen, meist ideologisch motivierten Generationenkonflikte. Die Schuld, derer wir angeklagt werden könnten, wird heißen: Ihr seid dafür verantwortlich, dass wir hier nicht mehr leben können.

Im Generationenkonflikt zwischen uns und der Generation vor uns geht es also nicht nur um Kosten, Befindlichkeiten oder Lebensweisen, die aufeinandertreffen, sondern letztendlich ums blanke Überleben.

Die Qualität des Konflikts ist eine ganz andere als bisher.

Beim Gedanken an die Situation zwischen den Generationen, das Bedrohungsgefühl auf der einen und die Leugnung der Bedrohung auf der anderen Seite, kommen mir mehrere Bilder in den Sinn. Zum einen ist da der Riss, der durch die Gesellschaft geht und den man nicht so leicht kitten kann, wenn kein Aufeinanderzugehen stattfindet. Wie zwei Ufer, die immer weiter auseinanderreißen und voneinander wegdriften. Zum anderen denke ich an die Analogie des Rudels in der Wildnis, bei dem der Nachwuchs vor Gefahr beschützt und verteidigt wird. Nur ist es in unserem »Rudel«, unserer Gesellschaft, so, dass die Erwachsenen die Gefahr, die wir verspüren, gar nicht erst wahrnehmen, uns ihr einfach aussetzen. Der Klimawandel stellt für viele der älteren Generation, die uns eigentlich beschützen sollten, gar keine Bedrohung dar. Bei vielen anderen Themen werden die Älteren ihrer Rolle im Rudel ja durchaus gerecht. Kinder werden von der Gesellschaft behütet. Meist anders, als wir es für richtig halten, doch kommen die Erwachsenen ihrer Verantwortung nach. Letztendlich ist das aber egal, wenn es kein Land mehr gibt, auf dem wir leben können, wenn die Bedrohung Klimawandel nicht angegangen wird.

Die Schuld und Verantwortung für diese Ungerechtigkeit weise ich persönlich vor allem der Politik, also den Politikerinnen und Politikern, zu. Sie sind letztendlich diejenigen, die für die Gesellschaft die Entscheidungen treffen oder genau das eben nicht tun. Und sie sind auch dafür verantwortlich, dass diejenigen, die jetzt in meinem Alter sind, politisch Gehör bekommen können. Gerade die, die ein bisschen jünger sind als ich, die fünfzehn, sechzehn oder siebzehn sind, die sich für Klimaschutz interessieren, die sich politisch einbringen möchten, es aber nicht können. Sie fühlen sich von den Erwachsenen ausgegrenzt, weil sie, selbst wenn sie den Wandel ankurbeln wollen, einfach nichts wirklich Wirksames dafür tun können. Und es ist auch die Politik, die uns Kindern und Jugendlichen keine eigenen Interessen zugesteht, die uns in ihrem Wahlprogramm komplett außen vor lässt und uns keine Lobby zu Verfügung stellt. So können wir – im Gegensatz zur Wirtschaft beispielsweise – unsere Interessen politisch nicht verfolgen oder ihnen nachhaltig Ausdruck verleihen.

Das heißt, dass alles, was hier schiefläuft, im Politischen zu suchen ist. Politikerinnen und Politiker denken immer wieder zu kurzfristig, um unsere langwierigen Probleme lösen zu können. Stattdessen werden Probleme auf die nächste Wahlperiode verschoben. Es geht meist ausschließlich darum, die Wirtschaft anzukurbeln, so wenig Schulden wie möglich zu machen und damit Wähler*innen für die eigene Partei zu gewinnen, damit diese noch länger an der Regierung bleiben kann. Kurz gesagt, wir leben im Kapitalismus, bei dem soziale Interessen auf der Strecke bleiben. Natürlich gibt es auch soziale Parteien, wie jetzt gerade in der Regierung, doch selbst da sehen wir, dass die Probleme die gleichen sind. Nur die Akteur*innen verändern sich, doch es passiert viel zu wenig, das uns Jugendliche in die Wahlprogramme mit einbindet. Entscheidungen, die für die Mehrheit der Wähler*innen oder für die Generation unserer Eltern unpopulär sein könnten, werden gar nicht erst angegangen. Hier zeigt sich eine Schwäche der Demokratie, die darin liegt, dass die Politik ihr Ziel nicht darin findet, die Welt zu retten, sondern vor allem darin, bei der nächsten Wahl erneut ins Amt zu kommen.

Schuld und vor allem Verantwortung für die meisten Versäumnisse der Politik, etwa beim Tempolimit auf Autobahnen oder der Deklarierung von Atom- und Kohleenergie als nachhaltig, trägt allerdings die Wirtschaft, besonders in Sachen Klimaschutz. Lobbys und ihre Vertreter*innen sind letztendlich diejenigen, die die Regierung so beeinflussen, dass weniger Klimaschutz gemacht wird, weil er zu teuer sei. Aktuell sind fossile Energien ein Beispiel dafür, dass die Wirtschaft an vielen Stellen eben kein Interesse hat, dass umgestellt wird, weil vermehrt Kosten entstehen würden. Von der Energiekrise mal ganz zu schweigen. Und auch große Konzerne wie RWE, die ganze Dörfer plattmachen, werden von der Regierung und von der Politik nicht in ihre Schranken gewiesen. Dabei sind wir als junge Generation mehrheitlich dagegen. Wir würden andere Prioritäten setzen, weil es für uns eine Frage des Überlebens ist.

So weh es auch tut, muss aber auch unseren Eltern eine gewisse Verantwortung zugewiesen werden. Ich weiß, dass sie im Grunde kaum etwas dafür können, wie die Welt ist, in die sie uns hineingeboren haben. Allerdings sind unsere Eltern letztendlich auch die, die für ihre Kinder mitentscheiden, wenn sie zum Beispiel wählen gehen. Und ich habe ja in Kapitel 7 besagte Studie vom NABU erwähnt, in der steht, dass fast 60 Prozent der Wähler*innen sich nicht für die Belange der Kinder und Jugendlichen in Sachen Klimaschutz interessieren, wenn sie ihren Wahlzettel abgeben. Viele dieser 60 Prozent haben ganz sicher selbst Kinder oder zumindest ein Teil von ihnen. Und genau diese Menschen interessieren sich nicht für die Zukunft und das Überleben auf unserem Planeten und ihrer Kinder? Solange man wählen gehen kann, trägt man auch eine Verantwortung für all jene in der Gesellschaft. Vor allem für uns Kinder und Jugendliche, die wir noch nicht selbst unsere Stimme abgeben dürfen.

Diejenigen, die uns in die Welt gesetzt haben, müssen dafür sorgen, dass wir auch noch in ein paar Jahren in ihr leben können.

Dieser Verantwortung sollten unsere Eltern sich bewusst sein – und sie auch in unserem Sinne wahrnehmen.

Wenn ich Erwachsenen von meinem Buchprojekt erzählt habe, stieß ich an vielen Stellen auf Verwunderung über die von mir geäußerte Benachteiligung. Denn die Konflikte, die ich hier niedergeschrieben habe, zeigen sich oft erst auf den zweiten Blick. Was hier notwendig zu sein scheint, ist ein Bewusstsein dafür in allen Teilen der Gesellschaft. Dafür muss sie sich verändern. Wenn Menschen mit Einfluss auf die Gesellschaft, Politiker*innen, Menschen des öffentlichen Lebens, die an diesem System etwas ändern können, realisieren, dass es solche Probleme gibt, und sie anpacken. Für diesen Wandel und dieses Umdenken wäre es wichtig, dass die Älteren den Jüngeren zuhören, dass sie nachfragen und uns ernsthaft antworten. Ich hatte beim Schreiben oft die Sorge, dass dieses Buch als Anfang von einem Streit wahrgenommen werden könnte. Dass mein Projekt den Graben zwischen Alt und Jung eher noch vergrößern könnte. Ich finde es wichtig zu sagen, dass ich eigentlich genau das Gegenteil davon erreichen will. Ich möchte, dass alle, die wir in unserer Gesellschaft leben, sich mit Respekt und Toleranz, auf Augenhöhe begegnen können. Und genau deshalb ist es wichtig, dass von beiden Seiten ein Zuhören stattfindet. Dass wir Jugendlichen besser verstehen, warum denn überhaupt so entschieden wird und warum wir so oft übergangen werden. Weil ich glaube, dass die Diskussion erst stattfinden kann, wenn beide Seiten wissen, was eigentlich in den Köpfen der jeweils anderen vor sich geht, und die Interessen so besser nachvollzogen werden können. Das fehlt noch an ganz vielen Stellen. Und vielleicht kann dieses Buch ein erstes Händereichen sein, damit die Kluft, die uns gerade noch spaltet, etwas schmaler wird.

In diesem Buch habe ich viel gefordert und Ansprüche formuliert, doch ich habe auch Wünsche und Hoffnungen, die ich einfach nicht aufgeben möchte. Ich habe die Hoffnung, dass endlich ein Austausch stattfindet. Dass irgendjemand, der tatsächlich verstehen und dann handeln kann, dieses Buch in die Hände kriegt. Dass Gleichaltrige mein Buch lesen und das Gefühl bekommen, nicht alleine zu sein. Ich habe, so gut es geht, nicht nur aus meiner Sicht geschrieben und versucht, Meinungen und Erzählungen aus meinem Umfeld einzubinden. Ich glaube, wenn möglichst viele sich hier vertreten und angesprochen fühlen, wird meine Argumentation valide. Nur wenn sie valide ist, kann sie genutzt werden, um den Spalt in unserer Gesellschaft nicht noch größer werden zu lassen, um gemeinsam und nachhaltig etwas zu ändern. Das kann man natürlich als Wunsch verstehen, doch ist es vor allem eine Hoffnung, weil ich mir sicher bin, dass es da draußen in der Politik, in der Wirtschaft Menschen gibt, die tatsächlich etwas ändern können. Bitte, hört uns endlich zu! Und vor allen Dingen: Bitte, nehmt uns endlich ernst!

ANMERKUNGEN

Alle URLs wurden zuletzt am 16.08.2022 abgerufen.

1 https://www.wiwo.de/politik/deutschland/85-548-steuerzahler-unter-18-kinder-und-jugendliche-zahlen-163-millionen-euro-einkommensteuer/27199294.html
2 https://www.destatis.de/DE/Themen/Gesellschaft-Umwelt/Bevoelkerung/Bevoelkerungsstand/_inhalt.html
3 https://www.growingupboulder.org/
4 https://greatergood.berkeley.edu/article/item/what_happens_when_kids_help_design_our_cities
5 https://www.youtube.com/watch?v=19vIlQkiotc
6 https://www.rnd.de/politik/abitur-in-deutschland-wie-ungerecht-ist-es-bundeslander-im-vergleich-4V4ZJQM3CVH4BE2V5E6DD2DMOE.html
7 https://www.tagesschau.de/inland/lehrermangel-schulen-101.html
8 https://greatergood.berkeley.edu/article/item/how_to_help_young_people_transition_into_adulthood
9 https://de.statista.com/infografik/25442/anteil-unbesetzter-ausbildungsstellen/
10 https://www.focus.de/finanzen/news/wirtschaft-ki-wird-vertrauen-niemals-ersetzen_id_9783170.html

11 https://www.sueddeutsche.de/karriere/ausbildung-studium-pensum-corona-1.5316907?reduced=true

12 https://www.studentenwerke.de/de/content/finanzierungsm%C3%B6glichkeiten

13 https://www.tagesschau.de/inland/corona-hilfen-deutschland-101.html

14 https://www.sueddeutsche.de/politik/studium-armut-paritaetischer-bafoeg-1.5586364

15 https://www.zeit.de/politik/2022-03/liveblog-corona-aktuell-news?mode=recommendation&page=1266&tickaroo_more=ekSYY8Di7So864RGFXfP

16 https://www.focus.de/kultur/kino_tv/hart-aber-fair-im-live-ticker-bei-plasberg-berichtet-lauterbach-wie-schwer-die-omikron-welle-fuer-deutschland-wird_id_37096759.html

17 https://www.zdf.de/nachrichten/panorama/corona-kinder-jugendliche-psychotherapie-plaetze-wartezeit-100.html

18 https://www.br.de/nachrichten/bayern/personalmangel-in-bayern-kinder-intensivstationen-am-limit,Sp1ePv6

19 https://www.br.de/nachrichten/bayern/personalknappheit-auf-kinderintensivstationen,SrW0zIy

20 https://www.spiegel.de/gesundheit/uebergewicht-bei-kindern-in-der-pandemie-eine-gewichtszunahme-in-dem-ausmass-haben-wir-zuvor-noch-nie-gesehen-a-d955fdba-323f-4420-9984-4c966f9f2a7d

21 https://www.welt.de/politik/deutschland/plus237996279/Pandemie-Schaeden-Claras-Leiden.html

22 https://www.psychologistsforfuture.org/klimaangst-anmerkungen-zu-einem-aktuellen-schlagwort-der-klimakrise/

23 https://www.uno-fluechtlingshilfe.de/informieren/fluchtursachen/klimawandel

24 https://www.nabu.de/presse/pressemitteilungen/%E2%80%9Dhttp:/index.php?popup=true&show=32482&db=presseservice

25 https://utopia.de/news/klimastudie-viele-junge-menschen-sind-von-klimaangst-betroffen/

26 https://www.sueddeutsche.de/politik/klima-katholikentag-scholz-1.5593783

27 https://www.bundesregierung.de/breg-de/themen/klimaschutz/auswirkungen-klimawandel-1669160

28 https://www.diw.de/de/diw_01.c.624050.de/sinkendes_
rentenniveau_erhoeht_altersarmutsrisiko_deutlich.html
29 https://www.welt.de/politik/deutschland/article134658040/
Deutschland-droht-die-Diktatur-der-Alten.html
30 https://www.bpb.de/kurz-knapp/lexika/das-junge-politik-
lexikon/320612/kinderarmut/
31 https://de.statista.com/statistik/daten/studie/218386/umfrage/
hartz-iv-kinder-in-bedarfsgemeinschaften-in-deutschland-nach-
bundeslaendern/
32 Mayr, Anna: Die Elenden – Warum unsere Gesellschaft
Arbeitslose verachtet und sie dennoch braucht. München:
Hanser Berlin, 2020.
33 https://programmieren-muenchen.de/blog/digital-ranking-
deutschland-auf-vorletztem-platz-in-europa-SjxWgOBw3S
34 https://www.umweltbundesamt.de/daten/umwelt-wirtschaft/
gesellschaftliche-kosten-von-umweltbelastungen
35 https://www.daserste.de/information/wirtschaft-boerse/
plusminus/sendung/ndr/corona-schulden-steuern-100.html

Können wir uns noch retten?

Susanne Götze /
Annika Joeres

Klima
außer Kontrolle

Fluten, Stürme, Hitze – Wie sich
Deutschland schützen muss

Piper Paperback, 336 Seiten
€ 20,00 [D], € 20,60 [A]*
ISBN 978-3-492-06336-4

Wir steuern auf die größte Umweltkatastrophe der Geschichte zu. Aber wie gut ist Deutschland auf Hitze, Starkregen und steigende Meere vorbereitet? Noch immer unterschätzen Politik und Verwaltung die Gefahren von Extremwetter. In ihrem neuen Buch decken Susanne Götze und Annika Joeres auf, wie ausgeliefert wir der Klimakrise hierzulande sind. Gleichzeitig zeigen sie, wie wir uns gegen die schlimmsten Folgen wappnen können – und wer dies bislang verhindert.

Eine Befreiung aus dem Zwang zum Glücklichsein

Juliane Marie Schreiber
Ich möchte lieber nicht
Eine Rebellion gegen den
Terror des Positiven

Piper Paperback, 208 Seiten
€ 16,00 [D], € 16,50 [A]*
ISBN 978-3-492-06284-8

Glück ist zum Fetisch geworden: Zeitschriften, soziale Medien und sogar Duschbäder fordern uns auf, positiv zu sein. Im Scheitern sollen wir gefälligst etwas Gutes entdecken, negative Gedanken und Gefühle vermeiden. Dabei soll sich unser wahres, leistungsfähiges Selbst entfalten. Dass diese Haltung absurd ist, zeigt auch die psychologische Forschung. In dieser scharfen Kulturkritik entzaubert Schreiber überzeugend die herrschende Ideologie unserer Zeit: den Zwang, glücklich zu sein.

»Das Erschreckende war seine Normalität«

Hannah Arendt

Eichmann in Jerusalem

Ein Bericht von der
Banalität des Bösen

Aus dem amerikanischen Englisch
von Brigitte Granzow
Piper Taschenbuch, 560 Seiten
€ 16,00 [D], € 16,50 [A]*
ISBN 978-3-492-31708-5

Der SS-Obersturmbannführer Adolf Eichmann gilt als einer der Hauptverantwortlichen für die sogenannte Endlösung der Judenfrage in Europa. Der Prozess gegen ihn fand 1961 in Jerusalem statt. Hannah Arendts Prozessbericht wurde von ihr 1964 als Buch publiziert und brachte eine Lawine ins Rollen: Es stieß bei seinem Erscheinen auf heftige Ablehnung in Israel, Deutschland und in den USA – und wurde zu einem Klassiker wie kaum ein anderes vergleichbares Werk zur Zeitgeschichte und ihrer Deutung.

PIPER

Leseproben, E-Books und mehr unter **www.piper.de**